WILLOW
Willow Creek • Deutschland

hänssler

John Ortberg

Stark im Sturm

Hänssler-Hardcover
Bestell-Nr. 394.843
ISBN 978-3-7751-4843-6

Der Text geht auf drei Predigten zurück, die John Ortberg in der Willow Creek Community Church, Chicago, gehalten hat: STRENGTH FOR THE STORMS OF LIFE: LOSS, BETRAYAL und FAILURE (1997).
Sie wurden für diese Buchausgabe bearbeitet.

Teil 1 und 2: Deutsch von Silvia Lutz
(2002 bereits erschienen im Brockhaus Verlag Wuppertal)
Teil 3: Deutsch von Petra Foede

Umschlaggestaltung: oha werbeagentur gmbh, Grabs, Schweiz; www.oha-werbeagentur.ch
Titelbild: iStockphoto/oha werbeagentur gmbh
Satz: typoscript GmbH, Kirchentellinsfurt
Druck und Bindung: Ebner & Spiegel, Ulm
Printed in Germany

Inhalt

1. Stark in Verlusten

Vor etwa zwanzig Jahren habe ich meine Frau kennengelernt. Ein Ehepaar lud uns beide ein. Wir kannten uns noch nicht. Sie hatten uns überredet, uns auf ein »blind date« einzulassen. Wir verbrachten einen schönen Abend miteinander.

Ich wollte Nancy gern wiedersehen, aber ich wusste nicht, wie ich das bewerkstelligen sollte. Das Paar, das uns einander vorgestellt hatte, war wieder abgereist, und ich hatte keine Ahnung, wie ich Kontakt zu ihnen aufnehmen sollte. Nancy gleich am ersten Abend nach ihrer Telefonnummer zu fragen, hatte ich als nicht passend empfunden.

Das Einzige, was ich wusste, war der Name von Nancys Gemeinde. Ich arbeitete als Pastor in einer anderen Gemeinde. Also rief ich in ihrer Gemeinde an: »Ich brauche die Telefonnummer von einem Ihrer Gemeindemitglieder. Sie heißt Nancy Berg. Ich bin Pastor in der Gemeinde in La Crescenta. Es geht um eine seelsorgerliche

Frage. Könnten Sie mir bitte ihre Telefonnummer geben?«

Die Sekretärin ließ mich warten. Schließlich kam sie wieder an den Apparat und gab mir Nancys Telefonnummer. Was ich damals nicht wusste: Die Sekretärin war Nancys Mutter. Sie ließ mich warten und rief schnell Nancy an: »Am Telefon ist ein gewisser John Ortberg, der deine Nummer wissen will. Soll ich sie ihm geben?«

Nancy wurde ganz aufgeregt und bat: »Ja! Stell ihn doch gleich zu mir durch.«

Bei unserer Hochzeit war unsere Freundin Elizabeth eine von den Brautjungfern. Sie führte ein sehr interessantes Leben und war eine intelligente, engagierte und schöne junge Frau. Sie war überall gern gesehen.

Nicht lange nach unserer Hochzeit verliebte sie sich in Richard und heiratete ihn. Elizabeth ist Psychologin, Richard Anwalt; damals war er Assistent beim Bezirksanwalt. Alle Gäste auf dieser Hochzeit befanden sich entweder in Therapie oder im Strafvollzug!

Nancy gehörte zu den Brautjungfern. Kurz vor der Hochzeit beklagte sich Elizabeth, dass für das große Ereignis nicht alles so perfekt sei, wie es sein sollte, denn sie hatte sich beim Tanken einen Fingernagel abgebrochen.

Mit breitem Südstaatenakzent sagte sie: »Ich habe mit Richard gesprochen. Wenn wir verheiratet sind, muss ich nie wieder tanken fahren. Das hat er mir versprochen!« Bis dahin war das Schlimmste, womit sie fertig werden musste, ein abgebrochener Fingernagel!

Warum kann das Leben nicht immer leicht und einfach sein?

Aber Stürme machen vor keinem Leben halt. Elizabeth und Richard waren verheiratet und wünschten sich sehnlich Kinder. Sie warteten viele Jahre und mussten zwei Fehlgeburten verkraften. Es tat ihnen sehr weh zuzusehen, wie andere Paare mit dem Kinderwagen spazieren gingen, und andere darüber jammern zu hören, dass sie die ganze Nacht von ihrem Baby wach gehalten wurden. Sie wünschten sich nichts sehnlicher, als nachts von weinenden Kindern geweckt zu werden.

Stürme machen vor keinem Leben halt.

Schließlich wurde bei Elizabeth die Ursache für ihre Kinderlosigkeit festgestellt. Sie ließ sich operieren und gebar ein kleines Mädchen.

Im folgenden Jahr flog Richard bei einem Ritt vom Pferd und blieb bewusstlos liegen. Als er wieder zu sich kam, stieg er ins Auto und fuhr ins Krankenhaus. Dort röntgte man ihn, ließ ihn den Kopf nach allen Seiten drehen und erklärte: »Ihnen fehlt nichts.«

Er erwiderte: »Ich habe aber ziemlich starke Schmerzen. Könnte ich ein paar Schmerztabletten und eine Halskrause bekommen, die meinen Nacken ein wenig stützt?« Er wurde nach Hause geschickt, aber die Schmerzen waren so schlimm, dass die Schmerztabletten nach drei Tagen aufgebraucht waren.

Richard rief einen befreundeten Arzt an und fragte ihn um Rat. Dieser überwies ihn an einen Spezialisten. Der Spezialist warf einen Blick auf die Röntgenaufnahmen, die drei Tage vorher gemacht worden waren, und sah sofort, dass etwas Furchtbares passiert war: Der erste und zweite Halswirbel waren angebrochen. Das führt im Normalfall zur Lähmung vom Hals abwärts oder zum Tod. Der Arzt verpasste Richard sofort einen Streckverband und sagte: »Bewegen Sie sich nicht. Am besten atmen Sie auch nicht und denken nicht.« Ein Chirurg wurde eingeflogen, um Richard zu operieren.

Auf Elizabeths Frage, er sei wohl ein Fachmann auf diesem Gebiet, erklärte der Chirurg: »Solche Verletzungen sind so selten, dass niemand ein Fachmann ist. Ich operiere so etwas ungefähr dreimal im Jahr.«

Wenn Richard in den letzten drei Tagen auch nur geniest oder sich in die falsche Richtung gedreht hätte, hätte er querschnittsgelähmt oder tot sein können. Es bestand immer noch die Gefahr, dass er die Operation nicht überlebte.

Gott sei Dank verlief die Operation erfolgreich und Richard wurde wieder gesund. Nicht lange danach rief Elizabeth uns an: Sie erwartete ein zweites Kind.

Sie bat uns, für sie zu beten. Die Nachricht war für sie ziemlich unerwartet gekommen, und sie nahm sie nicht gerade mit Begeisterung auf. Elizabeth hatte deshalb Gewissensbisse, aber so war es nun einmal. Die beiden waren inzwischen in einem Alter, in dem sie lieber keine Kinder mehr bekommen wollten.

Einige Zeit später meldete sich Elizabeth erneut. Sie war beim Arzt gewesen und hatte eine Fruchtwasseruntersuchung vornehmen lassen.

In den ersten dreißig Sekunden dieses Telefongesprächs hörte meine Frau nur ein verzweifeltes Schluchzen. Schließlich fing sich Elizabeth so weit, dass sie Nancy erzählen konnte: Bei ihrem kleinen Baby waren Down-Syndrom und schwere Herzfehler festgestellt worden. Man kann sich gut vorstellen, welche Traurigkeit und welche Schuldgefühle diese Nachricht auslöste.

Ihr Schmerz wurde noch durch Freunde verschlimmert, die nicht wussten, wie sie reagieren sollten. Einige sagten: »Euer Baby wird geheilt. Das hat uns Gott gezeigt. Ihr müsst nur glauben. Wir beten für euch.«

Die Bibel ist in ihren Aussagen sehr deutlich: Gott kann heilen. Es ist gut, um Heilung zu beten, aber Gott heilt nicht immer. Dieses Baby wurde nicht geheilt. John Mark wurde geboren, und alles, was die Ärzte vor seiner Geburt diagnostiziert hatten, traf ein.

Der Tag wird kommen, an dem Gott die Dinge in Ordnung bringt.

Einige sagten zu Richard und Elizabeth: »Die Leute in unserer Gemeinde werden genau beobachten, wie ihr euch verhaltet.« Mit anderen Worten: Trauert nicht und seht nicht traurig aus.

Zeigt, wie viel Glauben ihr habt. Jemand sagte doch tatsächlich: »Gott muss euch sehr lieben, wenn er euch ein behindertes Kind schenkt.« Was dieser Satz bei den beiden auslöste, möchte ich gar nicht erst beschreiben.

Wenn sie heute jemand fragen würde, würden Richard und Elizabeth antworten, dass sie ihren kleinen Sohn John Mark, der inzwischen sieben Jahre alt ist, über alles lieben. Nach allem, was sie durchmachen mussten, sind sie heute geduldiger als früher. Sie haben mehr Mitgefühl mit anderen, die leiden, und können viel besser helfen. Sie würden sagen, dass sie reifer geworden und gewachsen sind. Aber im gleichen Atemzug würden sie sagen: Wenn sie könnten, würden sie ohne nachzudenken ihre Reife gegen die Gesundheit ihres Kindes eintauschen.

Aus Sicht der Bibel geht es nicht darum, wieder so glücklich wie möglich zu werden, wenn etwas Schlimmes passiert ist.

Die Bibel sagt: Ein Verlust ist etwas, das ausgeglichen und erlöst werden muss, und Gott wird das eines Tages tun. Der Tag wird kommen. Vielleicht nicht heute oder morgen, aber der Tag wird kommen, an dem Gott die Dinge in Ordnung bringt.

Bis das geschieht, müssen wir aber einen Weg finden, wie wir leben können, und uns in einer Welt, die von Stürmen des Lebens und von Verlusten erschüttert wird, für das Leben entscheiden. Früher oder später wird dieser Sturm jedes Leben treffen. Vielleicht lieben wir jemanden und er stirbt. Vielleicht verletzt uns jemand, eine Beziehung zerbricht.

Einige erleben diesen Sturm in der Familie, in der sie aufwachsen und tief verletzt werden. Andere erleben ihn in einer Ehe, die nicht so läuft, wie sie es sich erhoffen. Jemand geht zum Arzt und erfährt eine schlechte Nachricht. Die Gesundheit und das Leben, das wir immer als selbstverständlich angesehen haben, ist plötzlich bedroht.

Jeder, der durch diese Welt mit
ihren Sorgen und Mühen geht,
muss irgendwann mit einem
Verlust fertig werden.

Eine der traurigsten Zeiten in meinem Leben war es, als ein Traum starb, den ich viele, viele Jahre lang gehabt hatte. Er war nicht in Erfüllung gegangen, und eines Tages begriff ich, dass er nie in Erfüllung gehen würde. Ich wusste nicht warum. Jeder, der durch diese Welt mit ihren Sorgen und Mühen geht, muss irgendwann mit einem Verlust fertig werden.

Im Folgenden möchte ich mich mit fünf Fragen auseinandersetzen, die Menschen seit jeher immer wieder stellen. Und ich möchte fragen: Was sagt die Bibel zu Verlusten, Leiden und Stürmen?

Warum muss ausgerechnet ich das durchmachen?

Werde ich irgendwie bestraft? Habe ich etwas angestellt?

Manchmal bin ich an meinem Leid selbst schuld. Viele von uns haben schon einmal einen Strafzettel wegen zu schnellen Fahrens bekommen. Aber: Wie viele sind wirklich erwischt worden, wenn sie zu schnell fuhren? Sie wurden nicht geblitzt, obwohl sie es verdient hätten.

Wenn wir lang genug essen, rauchen und herumsitzen, bekommen wir wahrscheinlich gesundheitliche Probleme. Menschen, die andere schädigen, sind am Ende meistens ziemlich einsam. Aber manchmal leiden wir unter sehr tief gehenden und schweren Verlusten, für die wir keinen Grund sehen.

Einer der Gründe, warum uns das so sehr verletzt: Wir leben mit der Illusion, wir hätten alles im Griff. Wenn ich alles berechnen kann und klug, stark und gut genug bin, wenn ich die Sicherheitsgurte richtig anlege und die Airbags funktionieren, kann ich mein Leben vor Unfällen, vor Verlusten und Leiden schützen.

Aus heiterem Himmel kommt eine Krankheit, eine Katastrophe oder eine Enttäuschung. Dann wird uns bewusst: Auf diesem Planeten ist das Leben auch für die Besten, Klügsten und Stärksten unglaublich unsicher.

Was der Prophet Jesaja vor vielen Jahren schrieb, ist immer noch wahr: »Eine Stimme sagte: ›Rufe!‹ Ich fragte: ›Was soll ich verkünden?‹ ›Menschen sind wie Gras. Ihre Schönheit ist wie eine Feldblume. Das Gras verdorrt und die Blumen welken‹« (aus Jesaja 40,6-7).

Vielleicht müssen Sie heute irgendwann allein sein und Ihr Herz vor Gott ausschütten.

Solange das Gras steht, glaubt es, es wäre fest verwurzelt. Dann kommt eine Trockenperiode, eine Sense oder ein Frost, und es ist fort. So ist das Leben.

Der Autor Jerry Sittser setzte sich in einem Buch mit einem schweren Verlust auseinander: Eines Tages saß er am Steuer seines Autos. Ein betrunkener Fahrer kam ihm entgegen und prallte frontal mit ihm zusammen. In einem einzigen Augenblick, aus heiterem Himmel, ohne irgendein Verschulden auf seiner Seite, verlor er seine Mutter, seine Frau und seine Tochter. Drei Generationen.

In der Folge spielte er diese Szene tausendmal im Kopf durch. »Was wäre, wenn ich zehn Sekunden früher losgefahren wäre? Wenn ich eine andere Strecke gefahren wäre? Wie kann so etwas Schreckliches passieren?«

Er spricht über den Terror der Willkür und über ein scheinbar so willkürliches Ereignis. Im Laufe der Zeit stellte er fest, dass wir manchmal nie erfahren, warum etwas geschieht. Wir können unser ganzes Leben damit verbringen, aber nie eine Antwort auf diese Frage finden.

Eines Tages traf ihn eine andere Frage: »Es gibt so viel Leid und so viele Verluste auf der Welt. Warum sollte ich nicht betroffen sein?« Wie kann ich davon ausgehen, dass mein Leben vor Leiden und Verletzungen verschont bleibt?

Bin ich ein besserer Mensch als ein Baby, das in Somalia in einer hungernden Familie geboren wird? Wie kann ich meinen, ich würde verschont bleiben?

Allmählich begriff er: Wenn er diesem schweren Verlust trotzen wollte, musste er sich eine viel wichtigere Frage stellen: »Wie reagiere ich, wenn mich der Sturm des Lebens trifft?«

Als Erstes möchte ich klarstellen, was die Bibel *nicht* sagt. Die Bibel sagt *nicht*, wenn wir von Verlusten getroffen werden, sollten wir so tun, als ob es nicht wehtue.

Vielen von uns wurde schon in der Kindheit immer wieder gesagt, dass wir so tun sollten, als tue es nicht weh. Das sei ein Zeichen für Stärke. Als Männer haben wir oft viele Jahre damit zu kämpfen.

Vielleicht sollten wir heute noch zu jemandem gehen und sagen: »Ich weiß nicht, was ich sagen soll, aber ich bin für dich da.«

In Gemeinden werden Menschen manchmal dafür gelobt, dass sie geistlich seien, wenn sie mit einer Katastrophe »richtig« umgehen. Sie bewahren eine aufrechte Haltung und verhalten sich so, als mache es ihnen nichts aus. Vielleicht wird starker Druck ausgeübt, man solle nicht trauern. Man spielt den anderen etwas vor.

Als ich noch ein Kind war, unternahmen wir öfter Reisen. Ich war eines von drei Kindern. Auf dem Rücksitz im Auto wurde uns bald langweilig. Bei langen Fahrten stellten wir regelmäßig die Frage, die Kinder auf langen Fahrten immer stellen: »Sind wir bald da?« Wir jammerten, dass es so lang dauere, dass es so eng im Auto sei, was für einen großen Hunger wir hätten, dass es zu heiß oder zu kalt sei.

Dann sagte meine Mutter oft: »Warum spielt ihr nicht: ›Wer kann am längsten ruhig sein?‹« Die Regeln dieses Spiels waren einfach. Man musste einfach ruhig sein. Es gewinnt, wer am längsten ruhig ist. Mit diesem dämlichen Spiel holte sie viele ruhige Kilometer heraus.

In unseren Gemeinden fordern wir auch manchmal Leute auf, »Wer kann am längsten ruhig sein?« zu spielen. Sie sollen so tun, als tue es nicht weh, und sie sollen durch ihr Schweigen zeigen, wie stark sie sind. Wenn wir gefragt werden, wie es uns geht, dann sollen wir antworten: »Gut, ausgezeichnet.«

Die Leute glauben manchmal,
ein guter Christ zu sein
bedeute, bei großen Verlusten
nicht zu trauern.

Manchmal laufen Menschen vor ihrem Schmerz davon, indem sie sich beschäftigen, fernsehen, sich in ihre Arbeit stürzen, süchtige Verhaltensweisen annehmen oder viel Geld ausgeben. Die Leute glauben manchmal, ein guter Christ zu sein bedeute, bei großen Verlusten nicht zu trauern. Sie tun so, als könnte man wie in einem Luftkissenboot einfach über Trauer und Leid dahingleiten.

Ich weiß nicht, wie sie auf diese Idee kommen, aber sie haben sie nicht aus der Bibel. In der Bibel gibt es 150 Psalmen, Lieder und Gebete zu Gott. Einige drücken Lob aus, einige Dank. Viele Klagepsalmen. Sehr oft liest man dort: »Warum, Gott? Gott, wie lange noch? Gott, wo bist du? Warum verbirgst du dein Angesicht vor mir?« In der Bibel gibt es auch die Klagelieder, ein kleines Buch, das überhaupt nicht fröhlich ist. Der Gott der Bibel ist ein sehr großer Gott, der sich von Leuten, die ihre Wut und ihre Trauer angesichts einer Verletzung hinausschreien, nicht im Geringsten bedroht sieht.

Einige von uns spielen »Wer kann am längsten ruhig sein?« schon viel zu lange. Sie leiden unter Verlusten, um die sie nie getrauert haben, und quälen sich mit Tränen, die sie nie vergossen haben. Sie müssen aufhören, davonzulaufen oder irgendwohin zu fliehen, und sich dieser Traurigkeit stellen.

Vielleicht müssen Sie einen Menschen suchen, mit dem Sie darüber sprechen können, oder sich einer Selbsthilfegruppe anschließen, in der es um Trauerbewältigung geht. Wir haben in unserer Gemeinde Gruppen eigens für Menschen, die trauern. Vielleicht müssen Sie heute irgendwann allein sein und Ihr Herz vor Gott ausschütten.

Durch ihre Trauer sind Menschen oft isoliert. Vielleicht sollten wir heute einen Brief schreiben, jemanden anrufen, ein Geschenk für jemanden kaufen oder einen anderen Menschen fragen, wie es ihm geht – und uns auch die Zeit nehmen, ihm zuzuhören. Lassen wir nicht locker, bis wir eine ehrliche Antwort bekommen haben!

Sie wissen vielleicht gar nicht, wie sehr das Leben eines Menschen dadurch verändert wird. Letzte Woche schrieb mir eine Frau, wie es für sie war, als vor einiger Zeit ihre Tochter starb.

In unserer Gemeinde liegt beim Eingang immer eine aktuelle Liste mit den Namen von Menschen aus, die unter einem schweren Verlust leiden. Diese Frau erzählte, dass ihr viele Menschen, die sie nicht einmal kannte, geschrieben hatten. Sie sagte: »Diese Leute können sich gar nicht vorstellen, wie gut mir das getan hat.«

Der Apostel Paulus schreibt in der Bibel, dass wir mit den Trauernden trauern sollen. Er schreibt *nicht*, dass wir den Trauernden gute Ratschläge geben sollten oder theologische Erklärungen, warum sie trauern.

Paulus sagt auch nicht: Geht zu den Trauernden, sagt ihnen, es sei alles *nicht* so schlimm, und erklärt ihnen, es hätte noch schlimmer kommen können. Vielmehr sagt er: »begleitet sie in ihrem Kummer« (Römer 12,15).

Manchmal sagen wir am besten gar nichts, sondern umarmen den anderen nur und sind einfach für ihn da.

Vielleicht sollten wir am besten heute noch zu jemandem gehen und sagen: »Es tut mir leid«, oder: »Du sollst wissen, dass ich an dich denke«, oder: »Ich weiß nicht, was ich sagen soll, aber ich bin für dich da.« Manchmal sagen wir am besten gar nichts, sondern umarmen den anderen nur und sind einfach für ihn da.

Wie schütze ich mich vor Verlusten?

Wenn wir einen Verlust erlitten haben, der wehtut, kommen wir irgendwann bei unserem Heilungsprozess an einen Punkt, an dem wir uns entscheiden müssen.

Etwas in uns sagt: »Ich will so einen Schmerz nicht wieder erleben. Wenn ich einem anderen mein Herz gebe, könnte er oder sie mich ablehnen oder sterben. Wenn ich meine ganze Energie in ein Kind investiere, läuft es vielleicht davon oder enttäuscht mich. Wenn ich einem Traum in mir Raum gebe, löst dieser Traum sich vielleicht in nichts auf. Vielleicht versage ich. Ich will ein solches Risiko nicht noch einmal eingehen. Wie kann ich mich vor einem Verlust schützen?«

Die Antwort auf diese Frage ist: Wir können uns auf dieser Welt nicht schützen. Die Leute glauben manchmal, Christ zu sein bedeute, einen Freifahrschein zu bekommen, der uns vor Leid bewahrt – aber das hat Jesus nie gesagt.

Zu lieben heißt auch zu leiden. Jesus sagte, dass wir in dieser Welt Kummer und Sorgen haben werden. Wir können uns entscheiden zu lieben. Das bedeutet, dass wir ein Risiko eingehen und manchmal auch verletzt werden. Oder wir können uns entscheiden, uns zu schützen und zu sterben.

Viele haben den Film »Shadowlands« über den Schriftsteller C. S. Lewis gesehen: Als er neun Jahre war, starb seine Mutter. C. S. Lewis richtete sein Leben und seine Beziehungen so ein, dass er nicht riskierte, jemals wieder so tief verletzt zu werden.

C. S. Lewis wurde ein großartiger Christ, ein brillanter Schriftsteller und Denker, aber privat führte er ein vorsichtiges Leben. Als er Ende fünfzig war, geschah etwas Überraschendes: Er verliebte sich in eine Frau, die er zufällig kennengelernt hatte.

»Zu lieben heißt, verwundbar zu sein.«

Er war zwischen dem Wunder der Liebe und der tiefen Angst vor Verletzungen hin und her gerissen. Doch sie heirateten. In der Zeit wurde bei seiner Frau Krebs festgestellt. Trotz der

Behandlung ging es ständig bergauf und bergab; schließlich starb sie.

Während ihrer Krankheit schrieb C. S. Lewis: »Zu lieben heißt, verwundbar zu sein. Liebe irgendetwas, und dein Herz wird gewiss leiden. Möglicherweise bricht dir das Herz. Wenn du sicher sein willst, dass es intakt bleibt, darfst du dein Herz niemandem schenken. Nicht einmal einem Tier.

Hülle es vorsichtig mit Hobbys und kleinen Annehmlichkeiten ein. Vermeide alle Verwicklungen. Schließe es sicher in die Truhe oder den Sarg deines Egoismus ein. In diesem Sarg – sicher, dunkel, regungslos und ohne Luft – wird sich dein Herz verändern. Es wird nicht gebrochen, aber es wird unzerbrechlich, undurchdringlich und kann nicht erlöst und befreit werden.«

Einige haben große Angst davor, wieder verletzt zu werden. Sie haben ihr Herz eingeschlossen. Sie weigern sich zu lieben, sie haben Angst davor zu träumen, vermeiden Freundschaften, fliehen vor Risiken und isolieren sich. Dieser Weg führt in den Tod. Für einige ist es Zeit, dass sie sich wieder für das Leben entscheiden, dass sie ihr Herz wieder öffnen und wieder Vertrauen wagen.

Das führt uns zur nächsten Frage. Es ist eine der tief greifendsten Fragen, die ein Mensch in dieser Welt voller Verluste stellen kann: »Wo ist Gott?« Wo ist er inmitten des Schmerzes und Leidens und angesichts des Todes und der Dunkelheit, die ein Fluch in dieser Welt sind? Wo ist Gott?

*Wo ist Gott inmitten des Schmerzes
und Leidens und angesichts des
Todes und der Dunkelheit?*

Ich möchte ehrlich sein: Ich habe keine einfachen Antworten, denn es gibt so vieles, was ich nicht verstehe. Einige glauben: Dass es Schmerz und Leiden gibt, bedeutet, es gibt Gott vielleicht überhaupt nicht.

Manchmal hört man die Frage: »Hätte Gott nicht eine andere Welt erschaffen können, in der es keinen Schmerz und kein Leid gibt und alles nach Plan läuft?« Jeden Tag könnte Gott ein Drehbuch schreiben, das vorgibt, was jeder einzelne Mensch zu sagen und zu tun hat. Und die Menschen könnten es tun. Alles würde nach diesem Drehbuch ablaufen.

Wie sähe eine solche Welt aus? Kennen Sie den Film »Die Frauen von Stepford«? Ein Ehepaar zog in ein kleines Dorf. Die Frau war ein lebhafter, selbstständiger Typ. Die Frauen im Dorf waren alle immer so freundlich. Mit Begeisterung und Hingabe kochten, putzten, wuschen, bügelten und nähten sie den ganzen Tag und machten ihren Männern das Leben so angenehm wie möglich. Nie gab es irgendwelche Konflikte.

Neue Frauen kamen ins Dorf, die anders waren, selbstständig, unternehmend. Doch nach einem »Urlaub« mit ihren Männern kamen sie verändert, ganz brav zurück. Zu ihrem Entsetzen entdeckte die selbstständige Frau, dass diese Frauen keine Menschen mehr waren; sie waren Roboter geworden.

Die letzte Szene zeigt diese Frau, die früher immer lebhaft und unternehmend gewesen war. Jetzt kochte, putzte und nähte sie selig lächelnd den ganzen Tag. Am Ende des Films weiß man, dass sie ebenfalls ausgetauscht wurde. Sie war kein Mensch mehr.

Ich möchte alle Männer fragen: Möchte jemand eine Frau, die nur noch ein Roboter ist? Die keinen Verstand mehr hat, keinen eigenen Willen, und deren einziges Interesse es ist, uns zu bedienen, unser Essen noch vorzüglicher zuzubereiten, uns sexuell ekstatisch zu lieben und nie mit uns zu streiten?

Eine Frau, die nur versucht, uns jeden unserer Wünsche von den Augen abzulesen und zu erfüllen, bevor wir ihn auch nur aussprechen – möchte irgendein Mann eine solche Frau haben? Darauf gibt es nur eine einzige richtige Antwort: Nein.

Gott hätte eine »Stepford-Welt« ohne Verletzungen, Leiden oder Konflikte erschaffen können. Er hätte Roboter erschaffen können, die in jeder Hinsicht gehorsam sind. Aber Gott in seiner großen Liebe wollte Menschen. Nur unter Menschen kann es echte Liebe geben. In seiner Macht schränkte Gott sich ein und schuf uns als Menschen.

Das bedeutete unweigerlich, dass Menschen sich frei entscheiden können, zu gehorchen oder nicht zu gehorchen. Wenn sie wollen, können Eltern ihre Kinder vernachlässigen, statt sie zu lieben. Statt ihnen zu essen zu geben, können die Reichen die Armen bestehlen. Statt miteinander Freundschaft zu schließen, können Völker sich bekriegen.

»Jede Träne, die je über das Gesicht eines Menschen gelaufen ist, der irgendwann gelebt hat, ist für ihn kostbar.«

In der Bibel erfahren wir, dass der Sündenfall – das Auftreten der Sünde und die Entscheidung zum Ungehorsam – Kräfte des Todes, Schmerzes und Leids in unsere Welt brachte.

Wir müssen bei alldem sehr deutlich sehen, was Gott empfindet. Manchmal verstehen Menschen das völlig falsch und stellen sich Gott als eine grausame Gestalt vor, die Schmerzen und Leid über die Menschen bringt – ein Wirbelsturm oder Unfall, der das eine Haus verschont, aber das andere zerstört.

Die Bibel beschreibt den Tod nicht als ein Werkzeug Gottes, sondern als seinen Feind. Die Worte, die in der Bibel für den Tod verwendet werden, zeigen, dass er der Feind ist: »der letzte Feind« (1. Korinther 15,26). Gott ist unveränderlich gegen den Tod.

Egal, was man in unseren Tagen auch darüber hört: Der Tod gehört nicht natürlich zum Leben dazu. Der Tod war nicht Gottes ursprünglicher Plan, und er ist nicht seine letzte Absicht für die Menschen. Der Tod ist unnatürlich und böse. Man braucht sich nur den Körper eines Verstorbenen anzuschauen, dann weiß man, dass das nicht Gottes Plan für die Menschen sein kann, die er liebt.

Wo ist Gott? Jesus sagt, dass Gott bei denen ist, die Leid tragen; der Tag wird kommen, an dem alle Menschen vor ihm stehen werden. Dort wird er auf die leidenden Menschen deuten – auf die Armen, Hungrigen und Gefangenen – und sagen: »Was ihr für einen der Geringsten meiner Brüder und Schwestern getan habt, das habt ihr für mich getan!« (Matthäus 25,40).

Von allen Göttern, die Menschen je angebetet haben, leidet nur der Gott der Bibel mit der Menschheit und für die Menschheit.

Das ist die Botschaft des Kreuzes. Am Kreuz hat Jesus mehr als unsere Schuld und Sünde auf sich genommen. Er nahm auch unsere Leiden und Schmerzen auf sich. In der Bibel wird Jesus der »Mann der Schmerzen« genannt. Darüber nachzudenken lohnt sich. Von allen Göttern, die Menschen je angebetet haben, leidet nur der Gott der Bibel mit der Menschheit und für die Menschheit.

Das vielleicht tief greifendste Buch über das Leiden, das ich kenne, stammt von Nicholas Woltersdorf: »Klage um einen Sohn« (Göttingen 1988). Woltersdorf unterrichtet an der Universität Yale. Er schrieb dieses Buch, nachdem sein Sohn Eric mit 25 Jahren beim Bergsteigen tödlich verunglückt war.

Woltersdorf schreibt, das Schlimmste am Tod seines Sohnes sei die Endgültigkeit. Er könne es kaum ertragen, Bilder von Eric anzuschauen, auf denen er als Sechsjähriger einen Fisch hochhielt, der größer war als er selbst. Er weiß, er wird in seinem Leben keine neuen Bilder von Eric mehr sehen.

Erst einige Zeit nach Erics Tod hatte er Kisten mit Erics Sachen weggeräumt, weil er vorher nicht fähig gewesen war, das zu tun. Es war, als höre er die Stimme seines Sohnes sagen: »Hallo, Papa, ich bin wieder da.«

Als ihm bewusst wurde, dass er diese Stimme nie wieder hören würde, lernte er zu sehen, wie sehr Gott leidet. Er schrieb einige der tief greifendsten Worte, die ich je über Gott gehört habe: »Über Gott wird in der Bibel gesagt, dass kein Mensch sein Angesicht sehen und leben könne. Ich hatte immer gedacht, das bedeute, dass niemand Gottes Herrlichkeit sehen und leben könne. Ein Freund sagte: Vielleicht bedeutet es auch, dass niemand Gottes Leiden sehen und leben kann. Vielleicht ist Gottes Leiden auch seine Herrlichkeit. Das vielleicht Größte an

Gott ist, dass er sich dafür entscheidet, mit uns zu leiden, obwohl er es nicht müsste.« In einem Lied heißt es: »Egal, was du durchgemacht hast, er ist trotzdem dein Gott. Jede Träne, die je über das Gesicht eines Menschen gelaufen ist, der irgendwann gelebt hat, ist für ihn kostbar.«

Wie lebe ich, wenn ich den Stürmen nicht aus dem Weg gehen kann?

Ich weiß, dass kein Leben vor dem Sturm verschont bleibt. Auch meines nicht. Wie lebe ich angesichts dieser Wahrheit? Jesus sagte: »Hier auf der Erde werdet ihr viel Schweres erleben. Aber habt Mut, denn ich habe die Welt überwunden« (Johannes 16,33). Wir werden aufgefordert, uns an Gott zu halten und jeden Augenblick unseres Lebens als Geschenk von ihm anzunehmen.

Chuck ist mein Freund, solange ich zurückdenken kann. Wir haben uns miteinander durch die Schule und das Studium gekämpft. Ich war Trauzeuge bei seiner Hochzeit, und er war Trauzeuge bei meiner Hochzeit. Er ist ein unvergleichliches Original. Bei einem Klassentreffen stellten wir ein kleines Buch zusammen, in dem unter jedem Namen aufgeführt wurde, was er seit der Schule erreicht hatte. Alle schrieben das hinein, worauf sie am meisten stolz waren: ihren Studienabschluss oder eine berufliche Karriere. Chuck ist Arzt in Atlanta und hat viel geleistet. Er schrieb: »Ich habe gelernt, durch die Nase Mundharmonika zu spielen.«

Wir sind aufgefordert, uns an Gott zu halten und jeden Augenblick unseres Lebens als Geschenk von ihm anzunehmen.

Vor einigen Jahren rief er mich aus heiterem Himmel an und erzählte mir, dass bei ihm Krebs festgestellt worden sei. Die Prognosen sähen ziemlich gut aus. Er müsse sich drei Monate lang einer Chemotherapie unterziehen.

Typisch für Chuck: Statt zu warten, bis ihm die Haare ausfielen, wie es die meisten tun würden, ging er los, kaufte sich einen Wegwerfrasierer und rasierte sich den Kopf kahl. Dann kaufte er blauen, glitzernden Goldstaub, bedeckte den Kopf damit und nannte sich »Chemo-Mann«.

Ich rief ihn jeden Samstagmorgen an, und wir redeten darüber, wie alles bei ihm und bei mir lief. Ich war in Kalifornien und er in Atlanta. Die Chemotherapie machte ihm sehr stark zu schaffen. Er sah aus wie ein Skelett.

Einmal fing er sich eine Infektion ein und wäre beinahe gestorben. Gerade noch rechtzeitig wurde er ins Krankenhaus gebracht.

Als die Behandlungen vorbei waren, wurde er allmählich wieder kräftiger, nahm zu und sah auch langsam wieder so aus wie früher. Einen Monat nach der letzten Behandlung musste er zur ersten Nachsorge-Untersuchung antreten.

Am Abend rief er mich an: »Ich war heute wieder beim Onkologen. Die Ergebnisse sind da: Die Tumormarker sind wieder genauso hoch wie vor Beginn der Behandlung.« Die Behandlung war erst einen Monat vorher beendet worden. Chuck ist Arzt. Er wusste, dass dies einem Todesurteil gleichkam.

Ich werde nie vergessen, wie ich an diesem Abend nach Hause fuhr, mich ins Bett legte und dachte, dass ich jetzt unbedingt für meinen besten Freund beten müsse. Ich konnte nicht beten. Ohne Pause ging mir der Gedanke durch den Kopf, jemandem müsse ein Fehler unterlaufen sein.

Liebt das Leben, denn dafür seid ihr geschaffen.

Am nächsten Morgen um halb sieben Uhr bekam ich einen Anruf von Chuck: »Der Arzt hat mich angerufen. Jemand im Labor hat einen Fehler gemacht und meine Laborwerte mit denen von jemand anderem verwechselt.«

Er musste noch einmal zum Onkologen und wurde erneut untersucht. Seine Werte waren in Ordnung. Sie sind es immer noch. Mein bester Freund wird am Leben bleiben. Selbst der Mann, dessen Werte mit seinen vertauscht worden waren und dem damals die Therapie bevorstand, ist wieder gesund.

Ich erinnere mich noch, dass ich zu Chuck sagte: »Wirst du den Kerl im Labor, der deine Werte vertauscht hat, anzeigen?« Chuck fragte: »Ihn anzeigen? Machst du Witze? Ich werde ihm um den Hals fallen!«

Das Leben ist so einfach. Ich mache mir so viele Gedanken um Dinge, die nicht wichtig sind, um Geld, Erfolg, Besitz oder die Zukunft. Gott sagt: »Jeder Augenblick, den ihr habt, ist ein Geschenk von mir. Nehmt ihn dankbar an und freut euch über das Geschenk des Lebens. Liebt die Menschen, denen ihr nahe steht, und lernt mich kennen. Setzt euer Vertrauen auf Jesus Christus, der euch liebt und der für euch starb. Liebt das Leben, denn dafür seid ihr geschaffen.«

Woltersdorf beschäftigt sich am Ende seines Buches mit Worten der Bibel über die Auferstehung. Er stellte sich diese vielen Menschen vor, die Gott auferwecken wird. Gott denkt an *jeden* Menschen, der je gelebt hat und gestorben ist. Gott kennt sie alle.

Die Bibel sagt, dass dieser Tag kommen wird. Vielleicht kommt er nicht heute oder morgen, aber es wird der Tag kommen, an dem dies wahr werden wird. Das Zuhause Gottes wird unter den Menschen sein, und er wird unter ihnen wohnen als ihr Gott. Sie werden sein Volk sein. Gott selbst wird bei ihnen sein, »er wird alle ihre Tränen abwischen, und es wird keinen Tod und keine Trauer und kein Weinen und keinen Schmerz mehr geben. Denn die erste Welt mit ihrem ganzen Unheil ist für immer vergangen.« (Offenbarung 21,3-4).

2.
Stark, wenn wir Betrug und Verrat erfahren

Jemand, auf den Sie sich verlassen, gibt Ihnen ein Versprechen und bricht es. Ein Freund erzählt ein Geheimnis weiter, das Sie ihm anvertraut haben. Ein Geschäftspartner gewinnt Ihr Vertrauen, nutzt Sie dann aus und fügt Ihnen damit einen schmerzlichen finanziellen Schaden zu. Sie arbeiten jahrelang treu für Ihren Arbeitgeber, doch dann wird Ihnen unfair gekündigt. Eine Frau, die eine Liebesbeziehung zu Ihnen eingegangen ist, beginnt heimlich eine andere Beziehung.

Warum uns Verrat so tief verletzt

Jeder, der schon einmal betrogen wurde, muss lernen, wie er sich davon erholen kann und wie er selbst ein vertrauenswürdiger Mensch wird, der nicht seinerseits andere betrügt. Verrat kann uns im Innersten erschüttern. Es fühlt sich an, als wäre uns mit einem Dolch ins Herz gebohrt worden.

Wenn wir von einem Feind verletzt werden, trifft uns das nicht überraschend. Wenn es Leute sind, von denen wir wissen, dass sie gegen uns sind, heben wir unseren Schutzschild oder suchen Rückendeckung.

Verrat heißt, dass man von jemandem verletzt wird, von dem man dachte, man könne sich auf ihn verlassen. Verrat ist immer ein Vertrauensbruch. Er kommt durch einen Freund, einen Ehepartner, einen Kollegen oder Vorgesetzten.

Oft wollen wir nicht verwundbar sein, aber wenn man nie verwundbar ist und nie ein Risiko eingeht, wird man nie Intimität erleben. Das funktioniert nur durch Vertrauen, Risikobereitschaft, Verwundbarkeit, tieferes Vertrauen und tiefere Intimität.

Wenn man nie verwundbar ist und nie ein Risiko eingeht, wird man nie Intimität erleben.

Wenn wir verraten wurden, fragen wir uns: »Kann ich überhaupt jemandem vertrauen? Ich will so einen Schmerz nicht noch einmal erleben und auch nicht mehr so tief fallen. Vielleicht wäre es sicherer, überhaupt niemandem zu vertrauen.« Deshalb galt Verrat schon immer als sehr zerstörerisch.

Das erste Buch von Dantes »Göttlicher Komödie« spielt in der Hölle. Dante stellt sich mehrere Ebenen vor. Die schwereren Sünden werden auf den tieferen Ebenen bestraft. Die Ebene für Eitelkeit ist weit oben. Die Ebene für Habgier liegt tiefer; für Lügen ist sie noch tiefer. Verrat rangiert auf der untersten Ebene. Menschen, die andere verraten, die sie eigentlich lieben sollten, begehen in Dantes Augen die schlimmste Sünde.

Verrat ist das absolute Gegenteil von Liebe. Die Bibel sagt, das oberste Gebot ist, Gott und unsere Mitmenschen zu lieben. Liebe die, denen du versprochen hast, dass du sie liebst. Verrat heißt, dass man Menschen verletzt, denen man versprochen hat, sie zu lieben.

Bei einigen schlägt der Sturm des Verrats im Elternhaus zu. Eltern versprechen, dass sie sich um ihre Kinder kümmern. Aber viele Kinder werden vernachlässigt, im Stich gelassen, ausgelacht oder missbraucht. Und das durch die Menschen, die sie lieben sollen.

In unserer frühesten Kindheit hätten Menschen da sein sollen, die uns auffingen, damit wir lernten, dass wir bei vertrauenswürdigen Menschen in Sicherheit sind. Aber diese Menschen haben uns verraten.

Verrat heißt, dass man Menschen verletzt, denen man versprochen hat, sie zu lieben.

Viele, die in einer solchen Umgebung aufwachsen, werden sehr misstrauisch. Ihnen fällt es schwer, sich irgendjemandem gegenüber verwundbar zu zeigen.

Einige Menschen vertrauen zu impulsiv und zu schnell. Dadurch musste mancher schmerzlich erfahren, wie es ist, wenn man von jemandem verraten wird, den man für einen Freund hielt.

Eine der schmerzlichsten Erfahrungen habe ich mit einem Mann gemacht, den ich für meinen Freund hielt. Wir unternahmen nicht nur viel miteinander. Ich vertraute ihm auch einige sehr persönliche Dinge von mir an.

Einige Zeit später fand ich heraus, dass dieser Kerl, den ich für meinen Freund gehalten hatte, jemandem diese Geheimnisse von mir verraten hatte. Die beiden hatten darüber gelacht. Das tat sehr weh.

Eine andere Kategorie ist Betrug in der Geschäftswelt. Wenn Menschen versuchen, unser Vertrauen zu gewinnen, und es dann verletzen. Diese Form von Verrat hat fast schon epidemieartige Formen angenommen.

Kürzlich sprach ich mit einem Manager, der jemanden angestellt, ausgebildet, zu Fortbildungen geschickt und ihm vertraut hatte. Dieser Mensch gründete dann eine eigene Firma, als eine direkte Konkurrenz zur Firma meines Bekannten. Die neue Firma stahl skrupellos Ideen, die geistiges Eigentum der anderen Firma waren.

Ein anderer Geschäftsmann erzählte mir von zwei leitenden Angestellten in der Spar- und Kreditbranche, die eine ganze Anzahl von Leuten dazu brachten, ihnen zu vertrauen. Dabei betonten sie besonders, dass sie überzeugte Christen seien. Später stellte sich heraus, dass sie die ganze Zeit Unterschlagungen begangen hatten. Als Folge wanderte eine Reihe unschuldiger Menschen ins Gefängnis, die ihr Vertrauen zu den beiden bitter bezahlen mussten. Ein Mann beging Selbstmord.

Wie wir auf Verrat reagieren

Ich möchte nicht falsch verstanden werden. Jesus hat nicht gesagt: »Lasst euch von Leuten betrügen und unternehmt nichts dagegen.«

Wenn man verraten wird, ist die natürliche Reaktion darauf, dass man die Schuldigen bestrafen will. Oft ist man sehr wütend und will andere ebenfalls verletzen. Soweit ich weiß, ist die folgende Geschichte aus der *Los Angeles Times* wahr.

Ein Mann sah die Kleinanzeigen in der Zeitung durch und stieß auf einen fast neuen Porsche, der zum Verkauf angeboten wurde. Er war in erstklassigem Zustand und hatte erst wenige Kilometer auf dem Tacho. Trotzdem wurde er für 50 Dollar angeboten. Der Mann rief bei der angegebenen Nummer an und fuhr zu dem Haus. Es stimmte: Der Porsche war in erstklassigem Zustand, war nur wenige Kilometer gefahren, hatte keine Kratzer und wurde für 50 Dollar verkauft.

Er war der Einzige, der sich auf die Anzeige gemeldet hatte; alle anderen hatten sie offensichtlich für einen Scherz gehalten. Und so kaufte er das Auto. Er war aber trotzdem neugierig. Bevor er abfuhr, fragte er die Frau, von der er das Auto gekauft hatte: »Wie kommt es, dass Sie einen solchen Wagen für 50 Dollar verkaufen?«

Sie antwortete: »Ich kann Ihnen den Grund sagen. Das Auto gehörte meinem Mann. Dieses Aas hat eine Affäre mit einer anderen Frau und hat mich verlassen. Er hatte nicht einmal den Mut, es mir ins Gesicht zu sagen. Er schrieb einfach einen Zettel: ›Ich verlasse dich. Du kannst alles behalten, das Haus, die Kinder und die Konten. Verkaufe nur den Porsche und schicke mir das Geld.‹«

Wenn jemand uns verletzt hat, ist es nur natürlich, dass wir ihn auch verletzen wollen.

Eine andere natürliche Reaktion ist häufig, zu leugnen. Vielen Menschen fällt es schwer, die Wahrheit, dass sie verraten wurden, zu akzeptieren.

Einmal kam ein Ehepaar zu mir in die Seelsorge. Sie waren noch nicht lange verheiratet, und die Ehe war schwierig. Sie hatten begonnen, sich Briefe zu schreiben, als er im Gefängnis saß, und die Frau wollte ihm helfen, dass er bald aus dem Gefängnis freikam.

Als er draußen war, heirateten sie. Eines Nachts kam er nicht nach Hause. Die Frau fuhr zum Haus seiner Eltern und fand ihn dort im Bett mit einer anderen Frau.

Egal, wie sehr ich selbst betrogen wurde, ich werde – so gut ich kann – als vertrauenswürdiger Mensch leben.

Jetzt saßen die beiden vor mir, und er sagte: »Das war so: Ich hatte gearbeitet und bin danach mit ein paar Leuten ausgegangen. Wir feierten in mehreren Clubs, und dann fuhren wir alle mit dem Taxi nach Hause.

Wir setzten die anderen zu Hause ab. Aber diese Frau wohnte zu weit draußen, und so sagte ich dem Fahrer, er solle uns im Haus meiner Eltern absetzen. Es wäre zu teuer gewesen, sie bis nach Hause bringen zu lassen. Meine Eltern waren verreist.

Ich wollte sie nach Hause fahren, aber inzwischen war es schon ziemlich spät geworden. Ich war müde und legte mich ins Bett, um eine Weile zu schlafen. Offenbar stimmte etwas mit der Heizung im Haus nicht, die anderen Zimmer waren ziemlich kalt. Als ich eingeschlafen war, muss diese Frau wohl ins Bett geschlüpft sein, in dem ich schlief. Das Nächste, an das ich mich erinnere, ist, dass meine Frau da war.«

Ich wollte ihm gerade ein paar Worte geigen und ihm klarmachen, dass er unsere Intelligenz nicht beleidigen solle. Aber seine Frau sagte schnell: »O nein. Ich glaube ihm.«

Der Wahrheit ins Gesicht zu schauen, dass sie von ihrem Mann verraten und betrogen worden war, wäre für sie so schmerzlich gewesen, dass sie noch nicht bereit dazu war. Wenn Menschen einen schweren Verrat erleben müssen, leugnen sie oft erst einmal alles. Man kann es nicht erzwingen. Häufig muss erst eine gewisse Zeit vergehen, ehe sie bereit sind, den Tatsachen ins Auge zu schauen.

Verrat ist eine unvergleichlich schmerzliche Wunde. Manchmal macht man eine Phase durch, in der man sich nicht nur verletzt fühlt, sondern sich auch für vollkommen dumm hält. Man meint, man hätte es kommen sehen müssen: »Wie konnte ich nur so blind sein?« Man gibt sich selbst die Schuld.

Daraus können wir einiges lernen. Wer tief verletzt wurde, wird versuchen sich abzukapseln. Er hat das Gefühl: »Ich wurde verletzt. Ich muss mich schützen und will nie wieder verwundbar sein oder jemandem trauen.« Natürlich heißt das, dass er nie erfahren wird, was Liebe ist.

Wie bekomme ich die Kraft, wenn ich Untreue und Verrat erlebe?

Wie können wir in einer Welt leben, in der Untreue und Verrat übliche Verhaltensmuster sind?

Bevor wir auf einen Betrug reagieren, sollten wir eine grundlegende Entscheidung treffen: Egal, wie sehr ich selbst betrogen wurde, ich werde – so gut ich kann – als vertrauenswürdiger Mensch leben. Wir müssen uns dafür entscheiden, selbst vertrauenswürdig zu sein. Als Freund, Arbeitgeber, Ehepartner oder Elternteil: Entscheiden Sie sich, ein vertrauenswürdiger Mensch zu sein.

Entscheiden Sie: »So wahr mir Gott helfe, werde ich gegebene Versprechen einhalten, Vertrauen nicht brechen und Klatsch vermeiden. Ich werde mich in meine Ehe und in meine Beziehungen voll investieren. Ich werde Menschen respektieren, mit denen ich durch meine Arbeit in Kontakt komme, und ich werde sie nicht benutzen, nicht manipulieren und nicht täuschen.«

Wenn Sie diese Entscheidung treffen, werden Sie früher oder später in einen Konflikt kommen. Wahrscheinlich eher früher. Dann müssen Sie sich entscheiden: Werde ich bei dieser Entscheidung bleiben und zu den Menschen halten, denen ich treu sein muss, oder schlage ich einen anderen, bequemeren Weg ein?

Manchmal kostet uns Loyalität etwas.

In der Bibel heißt es: »Ein Bruder ist dazu da, dass man einen Helfer in der Not hat«, und: »Ein wahrer Freund ist treuer als ein Bruder« (Sprüche 17,17; 18,24). Wir werden an einige Weggabelungen kommen, an denen Loyalität uns etwas kostet und wo wir uns entscheiden müssen, welche Richtung wir einschlagen.

Wenn wir an eine Weggabelung kommen und uns überlegen, ob wir ein vertrauenswürdiger Mensch sein wollen oder nicht, müssen wir wissen, ob wir uns für Sicherheit entscheiden oder für den Schmerz, den es manchmal kostet, ein Versprechen zu halten, eine Verpflichtung zu erfüllen oder einer Liebe treu zu sein. Ein Freund oder Bruder wird für die Not geboren.

Wie wir aus dem Kreislauf ausbrechen

Einige haben erlebt, dass sie verraten wurden. In einem interessanten Bericht habe ich davon gelesen, dass häufig ein bestimmtes Verhaltensmuster von Generation zu Generation weitergegeben wird. Vieles wiederholt sich.

Wir können sagen: »Ich werde diesen Kreislauf unterbrechen und ein Mensch sein, der vertrauenswürdig ist und das Vertrauen nicht missbraucht, das mir in meinen Beziehungen geschenkt wird. Ich will mich nicht nur von großen Betrügereien fern halten – die Dinge, die in die Schlagzeilen kommen –, sondern werde auch im Kleinen niemanden verraten oder betrügen.

Ich werde in meiner Ehe immer die Wahrheit sagen und mich dafür entscheiden, die Wahrheit nicht zu verschleiern, nur um Konflikte oder Schmerzen zu vermeiden. Ich will Menschen, mit denen ich zusammenarbeite, nicht benutzen oder manipulieren. Ich werde Kindern oder meinen Freunden keine Versprechen machen, die ich nicht halten kann, und auch keine persönlichen Informationen über andere missbrauchen. Ich werde nicht über andere tratschen.«

Es ist eine wunderbare Sache, Teil einer Gemeinschaft von verlässlichen Menschen zu sein. Wer aber jemanden auf die eine oder andere Weise betrogen, jemanden getäuscht oder einen Vertrauensbruch begangen hat, muss den nächsten Schritt gehen.

Wenn das bei Ihnen der Fall ist, müssen Sie diesen betrogenen Menschen aufsuchen, ihn um Vergebung bitten und die Dinge in Ordnung bringen. (Wenn es sich um einen wirklich schweren Betrug oder Verrat handelt, wie eine Affäre in einer Ehe, ist es vielleicht ratsam, zuerst einen Seelsorger oder Berater aufzusuchen, der Ihnen helfen kann, die richtigen Schritte zu erkennen und sie zu gehen. Es gibt keine allgemein gültige Lösung, wie man mit seinem Ehepartner darüber spricht, dass man ihn betrogen hat.)

Einige stecken vielleicht gerade in einer Situation, wo sie jemanden betrügen. Das muss auf der Stelle aufhören. Sie haben eine Richtung eingeschlagen, die in einem Verrat endet, wenn Sie diesen Weg weitergehen.

Ein Freund oder Bruder wird für die Not geboren.

Sie müssen auf der Stelle umkehren. Greifen Sie zum Telefon und sagen Sie, dass es vorbei ist. Tun Sie, was Sie tun müssen, egal, was es ist. Wenn Sie nicht die Entscheidung treffen, dass Sie ein Mensch sein wollen, der treu und vertrauenswürdig ist, werden Sie am Ende Ihres Lebens sehr vieles bedauern. Entscheiden Sie sich, vertrauenswürdig zu sein.

Geben Sie sich nicht für Betrügereien her. Das kann eine echte Versuchung sein. Wenn jemand in der Geschäftswelt viel auf die Beine stellt und Gewinn macht, kann es sein, dass Sie sich zu schnell auf eine Beziehung zu ihm einlassen, weil Sie nur noch Dollarzeichen sehen.

Auf der persönlichen Ebene zwischen Mann und Frau kann es sein, dass wir zu schnell zu weit gehen, wenn jemand sehr attraktiv aussieht oder sehr zuvorkommend ist. Vertrauen Sie nicht einfach jedem. Bevor Sie sich auf eine Bindung zu jemandem einlassen, sollten Sie lieber einen genauen Blick auf den Charakter dieses Menschen werfen.

Die Schreiber der Bibel gehen sogar noch einen Schritt weiter und sagen nicht nur: Du sollst vorsichtig sein, ehe du dich auf eine Verpflichtung einlässt. Sie sagen auch: Wenn du dich bereits mit jemandem auf eine bindende Beziehung eingelassen hast – geschäftlich oder sonstwie – und weißt, dass dieser Jemand entscheidende Charakterschwächen hat oder dass es auf einen Betrug hinausläuft, dann löse dich aus dieser Beziehung. Führe ein klärendes Gespräch mit den entsprechenden Leuten: »Mein Sohn, wenn du für einen anderen bürgst oder für jemanden, den du kaum kennst, und du durch dein Einverständnis verpflichtet bist und dein Wort dich bindet, … Du hast dich von einem anderen abhängig gemacht« (Sprüche 6,1-3).

Es ist eine wunderbare Sache,
Teil einer Gemeinschaft von
verlässlichen Menschen zu sein.

Wenn wir uns auf eine bindende Beziehung zu einem Menschen eingelassen haben, aber nicht viel über seinen Charakter wissen, können wir in ernsthafte Schwierigkeiten kommen. Wenn wir irgendwie können, müssen wir uns schnell daraus lösen. Schlucken Sie Ihren Stolz hinunter und lassen Sie sich nicht dadurch aufhalten, dass Sie das in Verlegenheit bringen könnte. Gehen Sie hin und bitten Sie darum, dass Ihr Name gelöscht wird. Schieben Sie es nicht vor sich her. Tun Sie es jetzt. Ruhen Sie erst, wenn Sie es getan haben. Die Bibel spricht hier eine unmissverständliche Sprache.

Wenn Sie sich auf eine bindende Beziehung eingelassen haben – geschäftlich oder privat – oder auf eine Beziehung, die Sie auf irgendeine Weise verpflichtet, und wenn es die Beziehung zu einem Menschen ist, der nicht vertrauenswürdig ist, sagt die Bibel: Tue, was du tun musst, auf ethisch korrekte und liebevolle Weise, um aus dieser Beziehung herauszukommen.

Die Bibel sagt auch, dass wir vorsichtig sein sollen, an wen wir uns in einer engen Freundschaft binden, die unseren Charakter negativ beeinflussen kann: »Wer sich mit den Weisen trifft, wird weise; wer sich mit den Narren einlässt, wird sich selbst schaden« (Sprüche 13,20).

Wie wir Vertrauen langsam wachsen lassen

Wenn Sie vorhaben zu heiraten, sollten Sie sehr genau überlegen, was Sie tun. Der Apostel Paulus drückte es so aus: »Macht nicht gemeinsame Sache mit Ungläubigen« (2. Korinther 6,14). Gehen Sie nicht in einer Ehe eine lebenslange Verpflichtung gegenüber jemandem ein, der nicht Ihre Glaubensgrundlagen teilt. Die Bibel rät uns aufzupassen, wem wir vertrauen.

Für manche ist es am wichtigsten zu lernen, weise Vertrauen wachsen zu lassen. Einige schenken ihr Vertrauen zu schnell. Es gibt verschiedene Stufen, wie Vertrauen wachsen kann.

Die erste Stufe könnten wir »provisorisches Vertrauen« nennen. Es ist ein kleiner Vertrauensschritt. Wir liefern einem anderen nicht unser ganzes Leben aus. Wenn wir zum Beispiel auf den Parkplatz fahren und ein Mann mit orangefarbener Weste sagt: »Fahren Sie nach links«, sagen wir: »Gut, ich fahre nach links.« Wir vertrauen diesem Menschen ein kleines bisschen.

Wir gehen ein angemessenes Risiko ein und beobachten, wie der andere reagiert. Wenn er vertrauenswürdig reagiert, gehen wir langsam und im Laufe der Zeit immer größere Risiken ein: provisorisches Vertrauen, angemessenes Risiko, Beurteilung der Reaktion und dann Schritt für Schritt mehr Vertrauen.

Mit einem Mann bin ich seit vielen Jahren befreundet. Unsere Beziehung wurde immer tiefer. Schließlich erreichte sie einen Punkt, an dem ich das Gefühl hatte, dass ich mit diesem Menschen über alles sprechen könnte. Ich wusste, ich könnte die Arme ausstrecken, mich zurückfallen lassen und mich ihm ohne Vorbehalte anvertrauen. Es hatte zehn Jahre gedauert, bis ich zu diesem Punkt kam.

Ich plante eine Zeit ein, in der ich mit ihm sprechen wollte. Das hatte ich vorher noch nie absichtlich getan. Ich redete über die tiefsten Probleme meines Lebens, die zum Teil beschämend waren und mich verwundbar machten.

Wahrscheinlich warten Sie jetzt darauf, dass ich Ihnen erzähle, was das war. Ich kenne Sie nicht und werde es deshalb nicht tun. Aber ihm habe ich es erzählt. Ich lud alles bei ihm ab. Er enttäuschte mich nicht.

Ich fürchtete, er würde mich ablehnen, sich vor mir zurückziehen oder nie wieder etwas mit mir zu tun haben wollen. Stattdessen sagte er: »Ich fühle mich dir jetzt näher als je zuvor.«

Neulich habe ich ungefähr eine Stunde lang mit ihm gesprochen, da Gott zurzeit an einigen wirklich ernsten Dingen in meinem Leben arbeitet. Ich weiß, dass ich mit jemandem darüber sprechen muss, wenn ich an diesen Punkten weiterkommen will, und mit diesem Freund kann ich das.

Gegen Ende unseres Gesprächs sagte er: »Es lohnt sich, diese Gespräche zu führen, allein schon, weil daraus Nähe und Leben entsteht.« So etwas geschieht immer nur Schritt für Schritt.

Vergebung bedeutet: Sie verzichten auf Ihr Recht, den anderen wieder zu verletzen, und Sie lassen ihn los.

Manche Menschen haben zu schnell und zu überstürzt jemandem vertraut. Sie müssen die Bremse ziehen und in Zukunft kleinere Schritte gehen. Einige sind sehr lange kein Risiko mehr in Beziehungen zu anderen eingegangen. Sie müssen versuchen, sich einem Freund anzuvertrauen: »Ich werde dir Einblick in einen Teil meines Lebens gewähren, den ich vorher unter Verschluss gehalten habe.« Sie sollten aber diesen Freund gut genug kennen, damit das Risiko nicht zu groß ist.

Vielleicht wurden Sie betrogen und verraten und Ihre Wunden sind noch frisch. Wenn Sie keine Heilung suchen, steuern Sie auf eine Straße zu, auf der Sie vom Wunsch nach Rache verzehrt werden. Das ist eine natürliche Reaktion. Wenn Sie nicht aufpassen, wird dieser Wunsch, jemandem Schmerzen zuzufügen, Sie verzehren.

Ein Mann ging zum Arzt, weil ihn ein Hund gebissen hatte. Der Arzt untersuchte ihn und sagte: »Es besteht kein Zweifel: Sie haben Tollwut.« Der Mann nahm Papier und Bleistift und fing an, etwas aufzuschreiben.

Der Arzt vermutete, dieser Mann halte Tollwut für eine tödliche Krankheit und schreibe sein Testament. Er versuchte, den Patienten zu beruhigen: »So schlimm ist es nicht. Sie müssen jetzt nicht Ihr Testament schreiben. An Tollwut stirbt man normalerweise nicht. Tollwut kann behandelt werden.« Der Mann erwiderte: »Das weiß ich. Ich schreibe mir nur gerade eine Liste der Leute auf, die ich beißen werde.«

Einige von uns gehen auf der Straße der Bitterkeit und des Hasses und erstellen Listen. Wenn Sie auf dieser Straße weitergehen, wird der Weg Sie zerstören. Sie werden die Rechnung nie ausgleichen können. Dieser Weg führt zum Tod.

Wenn Sie auf schlimme Weise verraten wurden, können Sie dem anderen nie genug Schmerz zufügen, um sagen zu können, Sie wären quitt. Letztendlich kann Sie nur eines heilen: das Wunder der Vergebung. Sie ist das Einzige, was einer menschlichen Seele Heilung bringt.

Man kann sich nur versöhnen, wenn beide Seiten die Wahrheit anerkennen.

Das bedeutet nicht notwendigerweise, dass Sie sich mit demjenigen versöhnen müssen, der Sie verraten hat. Vielleicht gibt dieser Mensch zu, was er Ihnen angetan hat, vielleicht sieht er es aber auch nie ein und verdreht die Wahrheit.

Sie können sich nur versöhnen, wenn beide Seiten die Wahrheit anerkennen. Vergebung ist also nicht das Gleiche wie Versöhnung. Vergebung bedeutet: Sie verzichten auf Ihr Recht, den anderen wieder zu verletzen, und Sie lassen ihn los. Das ist ein Wunder.

Was unsere Wunden heilt

Hin und wieder erhaschen wir einen Blick auf dieses Wunder. Vor kurzem habe ich eine erstaunliche Geschichte gelesen. Zwei Menschen waren daran beteiligt. Der eine war früher als US-Soldat in Vietnam, die andere war eine Vietnamesin.

Das wahrscheinlich berühmteste Bild aus dem Vietnamkrieg ist das Bild eines neunjährigen Mädchens, das in Panik aus einem Dorf rennt, auf das Napalm geworfen wurde. Das Kind erlitt schwere Brandverletzungen, und auf seinem Gesicht lag blankes Entsetzen.

Der Name des Kindes war Kim Foo. Der Fotograf war damals selbst erst 21 Jahre alt. Er machte das Foto und brachte das Mädchen dann schnell ins Krankenhaus. Innerhalb von 15 Minuten war er mit ihr dort, aber die Ärzte glaubten nicht, dass Kim Foo ihre Verletzungen überleben würde. Sie hatte schlimme Brandwunden und musste mehrere Operationen über sich ergehen lassen, aber sie überlebte.

Dann wurde sie lange Zeit von der vietnamesischen Regierung für Propagandazwecke missbraucht, aber schließlich konnte sie fliehen. Sie lernte Jesus Christus kennen, wurde Christin und übergab ihr Leben Gott.

Der US-Soldat John Plummer war der Pilot, der den Luftangriff auf dieses Dorf in Vietnam ausgeführt hatte. Er hatte die Napalmbombe geworfen. Damals hatte er gedacht, alle Zivilisten seien evakuiert worden.

Eines Tages sah er das Foto von Kim Foo und begriff, was er getan hatte. Er sah das Bild nicht nur einmal. In jenen Tagen konnte man kaum eine Zeitung aufschlagen oder ein Fernsehprogramm einschalten, ohne dieses Bild zu sehen.

Die Schuld zerstörte Johns Familie und ihn selbst. Er wurde geschieden und war jahrelang Alkoholiker. Schließlich lernte er jemanden kennen, der ihm von Gott erzählte. John Plummer bat Jesus Christus, Herr über sein Leben zu werden. Er besuchte eine Bibelschule und ist jetzt Pastor.

Vergebung ist das Einzige, das die tiefsten Narben heilt, die die Stürme dieses Lebens hinterlassen können.

Dann fand er heraus, dass dieses damals neunjährige Mädchen jetzt in Toronto lebte und in Washington beim Gedenktag für den Vietnamkrieg sprechen würde. Er fuhr nach Washington. Sie wusste nicht, dass er da war, als sie sprach.

Plummer erzählt, er könne sich nicht an viel von dem erinnern, was sie an diesem Tag sagte. Er weiß nur noch, dass sie sagte, was sie tun würde, wenn sie den Piloten träfe, der die Napalmbombe geworfen hatte. Sie erklärte, sie würde ihm sagen, dass sie ihm vergeben habe. Sie könnten zwar die Vergangenheit nicht ändern, aber sie hoffte, sie könnten gemeinsam an der Zukunft bauen.

Dieser Mann hatte eine Bombe abgeworfen, die mehrere Menschen in ihrer Familie tötete und auch sie selbst beinahe das Leben gekostet hätte. Und jetzt begegneten sie sich. Plummer sagt: »Ich konnte nichts anderes sagen als: ›Es tut mir leid. Es tut mir so furchtbar leid.‹«

Jetzt, 25 Jahre später, war dieses Kind eine erwachsene Frau. Sie legte die Arme um ihn und sagte: »Es ist gut. Ich vergebe Ihnen. Ich vergebe Ihnen.« Einige körperliche Narben sind immer noch da, so lange wir auf dieser Welt leben, aber es gibt andere Narben, die geheilt wurden. Neben ihnen sind die körperlichen Narben unbedeutend.

Vergebung ist das Einzige, das die tiefsten Narben heilt, die die Stürme dieses Lebens hinterlassen können. Wir müssen auf das Recht verzichten, den anderen ebenfalls zu verletzen, müssen Bitterkeit und Hass loslassen. Wir müssen den Menschen, der uns verraten hat, nicht nur als Ungeheuer sehen, sondern als Mensch, der auch verletzt wurde, und ihm vergeben. Nicht, weil derjenige, der uns verletzt hat, es verdient, sondern weil die Alternative ein Leben im Gefängnis der Bitterkeit und des Hasses ist.

»Vertraue mir. Ich habe noch nie
jemanden fallen lassen,
und ich werde auch dich
auffangen. Vertrau mir nur.«

In einer Welt, in der Verrat und Betrug an der Tagesordnung sind, lädt Gott uns ein, ihm zu vertrauen.

Manche sind tief verwundet worden und fragen sich, ob sie irgendjemandem vertrauen können. Ihre Fähigkeit zu vertrauen wurde beschädigt. Das hat Auswirkungen auf Menschen, aber auch auf unseren Glauben. Gott sagt: »Vertraue mir. Schütte dein Herz und deine Erfahrungen bei mir aus. Lass dich fallen. Ich werde dich auffangen.«

Vielleicht haben Sie sich eines schlimmen Betrugs schuldig gemacht und fragen sich: Ist es möglich, dass mir je vergeben wird und ich wieder frei sein kann? Werden diese Narben je heilen? Gott sagt: »Vertraue mir. Lass dich fallen. Ich fange dich auf.«

Das wichtigste Wort im Alten Testament über Gottes Einstellung zu den Menschen ist nicht einfach das Wort Liebe. Es ist ein Wort, das am besten mit »treuer« oder »beständiger« Liebe übersetzt werden kann. Es ist Gottes Antwort auf unsere Angst, dass uns jemand, von dem wir abhängig sind, verletzen oder verraten könnte.

Gott sagt: »Ich habe dich schon immer geliebt. Deshalb habe ich dir meine Zuneigung so lange bewahrt« (Jeremia 31,3). Gott weiß, was Verrat bedeutet. Jesus hat durch Verrat sein Leben verloren. Wissen Sie, wer der berühmteste Verräter in der ganzen Menschheitsgeschichte ist? Judas. Nach 2000 Jahren kennt man seinen Namen immer noch. Er war Jesu Jünger und Freund, und Jesus hat ihm vertraut.

Judas war der Kassenwart der kleinen Gruppe. Jesus hat ihm also das Geld anvertraut. Als Jesus ans Kreuz geschickt wurde, geschah das nicht einfach durch eine feindliche Regierung, bei der er mit Opposition rechnen musste, oder durch eifersüchtige Religionsführer, von denen er wusste, dass sie gegen ihn waren.

Es geschah nicht durch einen aufgestachelten Mob, der in der einen Woche »Hosianna« und in der nächsten »Kreuzige ihn« schrie. Sein guter Freund, der drei Jahre mit ihm zusammengelebt hatte, mit ihm gegangen war und mit ihm gegessen hatte, verriet ihn.

Judas verkaufte den Sohn Gottes für 30 Silberstücke. Jesus kennt also den Sturm, den Verrat auslöst, sehr gut. Als er am Kreuz hing, schaute er auf die ganze Menschheit hinab, die ihn verraten hatte: seinen Freund Judas, seine Anhänger, die geflohen waren, die Menschenmenge, die sich gegen ihn stellte, und die Religionsführer, die ihn mit offenen Armen hätten aufnehmen sollen.

Jesus bat: »Vater, vergib diesen Menschen, denn sie wissen nicht, was sie tun« (Lukas 23,34). Jesus streckte am Kreuz seine Arme aus und ließ sich in die Arme seines Vaters fallen. Derselbe Gott, der seinen Sohn auffing, sagt zu uns: »Vertraue mir. Ich habe noch nie jemanden fallen lassen, und ich werde auch dich auffangen. Vertrau mir nur.«

3.
Stark im Sturm

Vor einigen Jahren, als wir in Kalifornien lebten, bekam meine Frau von mir ein kreatives Geburtstagsgeschenk. Es war eine Fahrt in einem Heißluftballon. Wir gingen zu dem Feld, von dem aus die Heißluftballons starteten, und stiegen gemeinsam mit einem anderen Paar in einen kleinen Korb. Wir stellten uns einander vor und erzählten uns gegenseitig, womit wir unseren Lebensunterhalt bestreiten. Dann begann der Pilot unseren Aufstieg in die Luft. Es war wunderschön und malerisch, und man konnte die Berge und das Meer sehen.

Ich erlebte noch ein anderes Gefühl, das ich eigentlich nicht erwartet hatte. Möchten Sie raten, welches? Es war Angst – total verrückte Angst. Ich hatte immer gedacht, dass diese Körbe bis zur Brusthöhe hinaufreichen würden, aber dieser reichte uns gerade bis knapp über die Knie. Würde man das Gleichgewicht verlieren, dann wäre man ruck, zuck rausgefallen.

Ich hielt mich, so gut ich konnte, an den Seilen fest – und hatte echt Panik! Dann sah ich hinüber zu meiner Frau Nancy und bemerkte, dass sie noch ängstlicher war als ich. Ich sagte: »Nancy, dreh dich mal um. Da ist eine Pferderanch.« Nancy liebt Pferde. Aber jetzt drehte sie nicht einmal den Kopf. Sie sagte, ohne sich auch nur einen Zentimeter zu bewegen: »Oh ja … schön.«

Irgendwie hatte ich plötzlich das Bedürfnis, den Mann kennenzulernen, der den Heißluftballon flog. Immerhin hatten wir unser Leben und Schicksal in die Hände dieses Typen gelegt. Alles hing von seinem Charakter und seiner Kompetenz ab. Also fragte ihn nach seinem Leben und wie es dazu gekommen sei, dass er Heißluftballons flog. Ich hoffte, dass er sagen würde, er sei Neurochirurg oder Astronaut, der nur verpasst hatte, ins Weltall zu kommen und deshalb wenigstens fliegen wolle.

Als ich seine Antwort hörte, wusste ich, dass wir in Schwierigkeiten waren.

Er sagte, dass er im Moment keine Stelle habe und hauptsächlich surfen würde. Er hätte angefangen, Heißluftballons zu fliegen, weil er eines Tages betrunken seinen Pickup kaputt gefahren hatte! »Sie wissen ja, wie so was geht«, sagte er. Klar – wie oft ist mir schon das Gleiche passiert!

Sein Bruder war bei ihm und wurde ernsthaft verletzt. Damit dieser etwas hatte, was er sich anschauen konnte, hatte der Mann begonnen, Heißluftballons zu fliegen!

Dann sagte er: »Übrigens, wenn es bei der Landung ein bisschen seltsam wird, dann liegt das daran, dass ich diesen Ballon noch nie vorher geflogen habe! Ich bin nicht ganz sicher, wie er sich beim Landen verhält.«

Meine Frau schaute mich an und sagte: »Willst du mir wirklich erzählen, dass wir hier tausend Fuß hoch in der Luft sind mit einem arbeitslosen Surfer, der damit begonnen hat, Heißluftballons zu fliegen, weil er betrunken war, seinen Pickup zerstört und seinen Bruder verkrüppelt hat und der noch nie einen solchen Ballon geflogen ist und deshalb nicht weiß, wie man ihn landet?«

Dann sah mich die andere Frau an und sagte: »Sie sind doch Pastor. Tun Sie was Religiöses.«

Also sammelte ich eine Kollekte ein!

Die entscheidende Frage in einem solchen Augenblick ist: »Kann ich dem Piloten vertrauen, diesem Typen, der das Ding fliegt?« Wenn ich ihm nicht vertrauen kann, dann will ich nicht in diesen Ballon steigen. Ich muss den Piloten kennen.

Das tägliche Abenteuer

Jeden Tag starten Sie eine neue Reise in diesem gigantischen Ballon, der sich um die Sonne dreht. Er ist gefüllt mit Leuten, die sich selbst immer wieder einreden, dass alles gut enden wird. Einige von ihnen sind sehr ängstlich, andere etwas mutiger.

Vertrauen, Furcht, Risiko und Versagen liegen unmittelbar beieinander.

Die Kernfrage ist, ob jemand das Ding fliegt und ob man diesem Jemand trauen kann. Können wir aufgrund seines Charakters und seiner Kompetenz unser Schicksal gelassen in seine Hand legen?

Vertrauen, Furcht, Risiko und Versagen liegen unmittelbar beieinander. Das bringt uns zu der Geschichte von Petrus.

Jesus hatte gerade seine Predigt beendet und auf geheimnisvolle Weise eine Menge von mehr als 5000 Menschen satt gemacht. Danach ließ er seine Jünger in ein Boot steigen, und er erwartete von ihnen, einen See zu überqueren. An dieser Stelle der Geschichte steigen wir ein.

Nachdem er die Menge weggeschickt hatte, ging Jesus alleine zu einem Berg, um zu beten. Der Abend kam und er war alleine da. Gleichzeitig wurde das Boot auf dem See von den Wellen hin- und hergeworfen, und weitab vom Land stand ihnen der Wind entgegen. Früh am Morgen ging Jesus auf dem See zu den Jüngern. Als sie ihn auf dem See gehen sahen, erschraken sie und riefen voller Angst, es sei ein Geist. Sofort sprach Jesus zu ihnen und sagte: »Fasst Mut. Ich bin es. Fürchtet euch nicht!« Petrus antwortete ihm und sagte: »Wenn du es bist, Herr, befiehl mir, auf dem Wasser zu dir zu kommen.« Jesus sagte: »Komm!« Daraufhin stieg Petrus aus dem Boot, fing an, auf dem Wasser zu gehen, und kam auf Jesus zu. Als Petrus den starken Wind bemerkte, bekam er Angst. Als er anfing zu sinken, schrie er: »Herr, rette mich!« Jesus streckte seine Hand aus, fing ihn auf und sagte: »Du hast nicht viel Glauben. Warum hast du gezweifelt?« Als sie ins Boot stiegen, legte sich der Wind. Die im Boot lobten ihn und sagten: »Du bist wahrhaftig der Sohn Gottes.«

Ich bitte Sie, sich diese Szene noch einmal vor Augen zu malen. Jesus hatte seine Freunde irgendwann am Nachmittag, als es noch hell war, ins Boot geschickt. Die Wasserfläche, die sie überqueren mussten, war nicht sehr groß. An der breitesten Stelle waren es ungefähr sieben Kilometer. Viele der Männer im Boot waren Profis, die nahezu ihr ganzes Leben im Boot verbracht hatten.

Sie müssen sich nun einen Sturm vorstellen, der so stark war, dass man das Ziel nicht mehr sehen konnte. Jesus kam irgendwann am frühen Morgen nach drei Uhr, und sie hatten es immer noch nicht auf die andere Seite geschafft.

Stellen Sie sich die Höhe der Wellen vor, die Windstärke und die Dunkelheit der Nacht. Das Boot drehte sich im Kreis, um zu vermeiden, dass es umgeworfen wurde, und es wurde von den Wellen angegriffen. Die Jünger froren und waren nass, aufgeregt und verängstigt. Das waren die Bedingungen, unter denen Petrus aus dem Boot aussteigen würde.

Es ist mutig genug, auf dem Wasser zu gehen, wenn das Wasser ruhig ist; aber stellen Sie sich vor, das zu tun, wenn die Wellen krachen, der Wind Orkanstärke hat, und das alles um drei Uhr morgens. Petrus stieg aus dem Boot, lief ein Stück und versank. Die Frage lautet: Ist dies eine Geschichte über Versagen?

Es ist mutig genug, auf dem Wasser zu gehen, wenn das Wasser ruhig ist; aber stellen Sie sich das einmal in einem Orkan vor!

Jeder von uns war schon einmal mit Versagen konfrontiert! Es ist befreiend, sich diese Tatsache vor Augen zu führen. Manche von uns denken, sie wären die Einzigen, aber das stimmt nicht.

Jeder macht diese Erfahrung! Wenn Sie in Ihrem Leben je bei einer Prüfung versagt haben, in einem Team abgesägt wurden oder bei einem Vorstellungsgespräch nicht genommen wurden, wenn Sie sich einem Dreijährigen gegenüber ungeduldig verhalten haben, während einer Predigt geschlafen haben, obwohl Sie wach bleiben wollten, oder wach geblieben sind, obwohl Sie schlafen wollten, wenn Sie etwas Falsches gesagt haben, mit der falschen Gabel gegessen, synthetische Stoffe getragen oder moralisches, sportliches, wissenschaftliches, soziales, finanzielles, berufliches Fehlverhalten erlebt haben – dann wissen Sie, was Versagen bedeutet. Jeder hat die Erfahrung des Versagens gemacht.

Was das Versagen betrifft, möchte ich fünf Beobachtungen nennen.

Kein Wachstum ohne Risiko

Die erste ist, dass Sie ohne Risiko nicht wachsen werden, und Sie können nicht etwas riskieren, ohne zu versagen. Ein Leben, das jedes Versagen vermeiden will, ist tot.

Woody Allen hat gesagt, dass einer der ausschlaggebenden Momente seines Berufslebens der war, als er seinen Helden traf – einen schwedischen Regisseur namens Ingmar Bergmann. Bergmann war einer der großen Kinoschauspieler des zwanzigsten Jahrhunderts, und er fragte Woody Allen: »Wie viele der Filme, die Sie gemacht haben, waren Flops?« Das war sehr früh in seiner Laufbahn, und so konnte Woody Allen stolz sagen: »Keiner!« Bergmanns Antwort war: »Oh, das ist schlecht.« Mit anderen Worten: »Wenn Sie nie versagt haben, dann haben Sie wahrscheinlich nie etwas riskiert. Wenn Sie aber nichts riskieren, dann wachsen Sie nicht.«

Ein Leben, das jedes Versagen vermeiden will, ist tot.

Das Boot, in dem die anderen Jünger saßen, bot ihnen Sicherheit, Geborgenheit und Bequemlichkeit. Es gibt einen Sturm, bei dem das Wasser aufgewühlt ist, die Wellen hoch gehen und der Wind stark weht. Ich weiß nicht, was Ihr Boot ist, aber wenn Sie aussteigen – dann besteht die Möglichkeit, dass Sie untergehen.

Wenn Sie nie aus dem Boot aussteigen, steht garantiert, unumstößlich fest, dass Sie niemals auf dem Wasser gehen werden. Wenn Sie auf dem Wasser gehen wollen, müssen Sie aus dem Boot aussteigen. Das ist die gesamte Botschaft.

Ich glaube, dass da etwas in uns ist, das uns sagt, dass es im Leben mehr gibt, als nur im Boot zu sitzen! Es gibt etwas in Ihnen, das auf dem Wasser gehen will und sich danach sehnt, die Bequemlichkeit des alltäglichen Lebens zu verlassen und sich dem großen Abenteuer, Gott zu folgen, hinzugeben.

Es gibt mehr im Leben, als
nur im Boot zu sitzen.

In dieser Geschichte kam Jesus zu den Jüngern. Der Schreiber sagt, dass sie alle verängstigt waren.

Jesus hat ihnen das gesagt, was Gott den Menschen in der Schrift wieder und wieder und wieder gesagt hat: »Fürchtet euch nicht. Ich bin's. Ihr kennt mich. Ihr kennt meinen Charakter und meine Kompetenz. Ihr könnt euch in meine Hände geben und sicher sein. Fürchtet euch nicht.«

Petrus sagte: »Herr, wenn du es bist, dann lass mich zu dir kommen!« Jesus sagte: »Petrus, steig aus dem Boot.« Petrus ging zur Seite des Bootes, und Sie müssen sich diese Szene einmal einen Augenblick lang vorstellen.

Die anderen Jünger sahen einander an. Wenn Sie einiges über Petrus wissen, wissen Sie auch, dass er immer den Mund aufgerissen hat. Die Jünger fragten sich, wie weit er gehen würde, um das durchzuziehen.

Er schob einen Fuß über die Seite des Bootes, dann den anderen. Dann ließ er sich los, ging einen Schritt und dann noch einen. Ein paar Augenblicke lang war es so, als wären Jesus und Petrus die einzigen Menschen auf der ganzen Welt.

Petrus ging auf Jesus zu. Zum allerersten Mal in der Geschichte der Menschheit ging ein einfacher, normaler Mensch aus Fleisch und Blut auf dem Wasser. Dann passierte etwas sehr Wichtiges.

Der Schreiber sagte, dass Petrus nicht mehr auf Jesus geschaut hat – der ihn dirigierte – und bemerkte, dass der Wind sehr stark war und das Wasser kalt, nass und sehr tief. Sein Vertrauen war zu schwach, also fürchtete er sich und ging unter.

Auf die Blickrichtung kommt es an

Die zweite Beobachtung ist die, dass, ob Petrus auf dem Wasser ging oder darin versank, davon abhing, ob seine Aufmerksamkeit auf Jesus gerichtet war.

Wenn Sie Angst haben, ist eine der Schlüsselfragen, worauf Ihre Augen gerichtet sind. Ist Ihre Aufmerksamkeit auf Gott und seine Macht gerichtet oder auf den Sturm? Der Sturm wird Sie jedes Mal überwältigen.

Ist Ihre Aufmerksamkeit auf Gott und seine Macht gerichtet oder auf den Sturm?

Einige von uns lernen schon sehr früh, mit Angst zu leben. Das wird uns beigebracht.

Wie viele von Ihnen haben jemals gehört, dass eine Mutter am ersten Schultag zu ihrem Kind gesagt hätte: »Das ist dein erster Tag in der Schule, deshalb sei risikofreudig, nimm die Chancen wahr, sei waghalsig, setz mal so richtig was aufs Spiel«? Mütter sagen das nicht sehr oft.

Mütter sagen gewöhnlich: »Sei vorsichtig! Es gibt Sturm da draußen. Die Wellen sind hoch, und der Wind ist stark. Der Lehrer könnte ein schlechter Mensch sein, also bleib im Boot. Etwas Schlimmes könnte passieren, und es könnte sein, dass du nicht damit umgehen kannst.«

Einer der Autoren, von denen ich diese Woche etwas gelesen habe, hat ein Jahrzehnt damit verbracht, den Zusammenhang von Angst und Versagen zu erforschen. Er hat geschrieben, dass die Angst, die allen anderen Ängsten zugrunde liegt, die Angst ist, dass etwas passieren könnte und wir dann nicht in der Lage sind, damit umzugehen! Egal, ob es sich um finanzielle Probleme handelt, um Beziehungsprobleme, um das Älterwerden oder was auch immer Sie sich vorstellen können. Die allem zugrunde liegende Angst ist die, dass irgendetwas Schlechtes passiert und wir können nicht damit fertig werden.

Einige von uns gehen mit dieser Angst durchs Leben, aber es gibt einen anderen Weg, das Leben zu meistern. Dieser andere Weg ist der, in der Kraft Gottes zu leben. Leben, indem wir die Augen auf Jesus gerichtet halten, auf seine Möglichkeiten für unser Leben und das bleibende Bewusstsein von Gottes Gegenwart und Macht. In allen Herausforderungen des Lebens zu ihm zu beten.

Wir sehen das in verschiedenen Charakteren der Bibel. An einem Punkt seines Lebens wurde der Apostel Paulus ins Gefängnis geworfen. Vor den Mauern verspotteten ihn die Menschen. Als er feststellte, dass die sehr reale Möglichkeit bestand, dass er sterben würde, sagte er: »Durch Christus, der mich stark macht, kann ich alles tun.«

Solange Petrus seine Augen bei Jesus hatte, ging er auf dem Wasser. Als er sie von Jesus wegrichtete, wurde er vom Sturm überwältigt und gab der Angst nach. Die Frage ist: Hat Petrus versagt?

»... eine zweite Gelegenheit, es richtig zu machen«

Das bringt mich zur dritten Beobachtung über Versagen. Diese Beobachtung lautet: Versagen ist kein Ereignis, Versagen ist die Beurteilung eines Ereignisses! Versagen ist nicht so sehr etwas, das Ihnen geschieht, sondern vielmehr die Art, wie Sie eine Lebenserfahrung einordnen.

Bevor Jonas Salk – der Mann, der einen Impfstoff gegen Polio entwickelt hat – einen Stoff fand, der wirksam war, hat er 200 Versuche gemacht, gegen Polio zu impfen. Einmal fragte ihn jemand: »Wie hat es sich angefühlt, 200-mal zu versagen?«

Salks Antwort ist sehr interessant. Er sagte: »Niemals in meinem ganzen Leben habe ich 200-mal versagt. In meiner Familie habe ich gelernt, das Wort ›versagen‹ nicht zu benutzen. Ich habe nur 200 Wege gefunden, wie man nicht gegen Polio impfen sollte.«

Einmal wurde Winston Churchill gefragt: »Was hat Sie am besten darauf vorbereitet, Großbritannien eine Zeit lang ganz alleine gegen Nazideutschland zu führen?« Churchills Antwort lautete: »Es gab eine Zeit, in der ich eine Klasse in der Grundschule wiederholen musste.« Der Interviewer fragte: »Wollen Sie damit sagen, dass Sie eine Klasse der Grundschule nicht geschafft haben?« Churchills Antwort war: »Ich habe niemals in meinem Leben versagt. Mir wurde lediglich eine zweite Gelegenheit gegeben, es richtig zu machen.«

Bitte denken Sie einmal über diese Frage nach: Wenn es Jonas Salk 200 Versuche gekostet hat, eine Impfung gegen Polio zu entwickeln, war Jonas Salk dann ein Versager?

Wenn Churchill in der Grundschule sitzen geblieben ist, war er dann ein Versager?

Die Frage ist: Hat Petrus versagt? War sein Vertrauen nicht groß genug? Hat er seine Augen nicht da gelassen, wo sie hätten sein sollen, und er ist untergegangen?

Es ist immer sicherer, im Boot zu bleiben.

Freunde, ich denke, da saßen noch elf größere Versager im Boot, die unauffälliger versagt haben. Ihr Versagen war privat und sicher, blieb unbemerkt und ganz sicher unkritisiert. Es ist immer sicherer, im Boot zu bleiben.

Nur Petrus hat den Schmerz und die Scham öffentlichen Versagens kennengelernt. Einige von Ihnen erleben das vielleicht gerade jetzt. Einige haben es schon erlebt und andere werden es noch erleben.

Allerdings hat Petrus auch noch zwei andere Dinge kennengelernt. Er kann von sich sagen, auf dem Wasser gegangen zu sein. Ich habe den Verdacht, dass Sie, wenn Sie einmal auf dem Wasser gegangen sind, das für den Rest Ihres Lebens nicht mehr vergessen werden. Ich habe den Verdacht, dass Petrus sich dieses Gefühl bis ans Lebensende gemerkt hat.

Wenn Sie einmal auf dem Wasser gegangen sind, werden Sie das für den Rest Ihres Lebens nicht mehr vergessen.

Einige von Ihnen haben schon erlebt, was es bedeutet, Gott zu gehorchen und aus dem Boot auszusteigen. Und dann Dinge zu erleben, die man nicht anders erklären kann, als damit, dass Gott eingegriffen hat! Einige von Ihnen wissen, was es bedeutet, auf dem Wasser zu gehen und von der Kraft Gottes gehalten zu werden, und Sie werden dieses Wissen niemals verlieren.

Eine weitere Sache, die nur Petrus erlebt hat, ist das überwältigende Gefühl, von Jesus in einem Moment verzweifelter Bedürftigkeit gehalten zu werden. Auf eine Weise, die die anderen Jünger nicht nachvollziehen konnten, hat Petrus die Nähe Jesu erlebt, der ihn gerettet hat!

Er hat einen Augenblick des Vertrauens mit Jesus erlebt wie sonst niemand. Weil die Jünger nicht aus dem Boot ausgestiegen sind, konnten sie das nicht erleben.

Einige von uns werden von ihrem Versagen fast zerrissen. Es ist schmerzvoll und beschämend. Ich weiß nicht, warum Sie da hindurch müssen. Möglicherweise ist der Grund, dass Sie etwas lernen müssen, aber möglicherweise ist die Situation gar nicht in Ihnen selbst begründet.

Aus welchem Grund auch immer Sie sinken, die Bibel sagt, dass Jesus in jeder Hinsicht in der Lage ist zu retten. Das bedeutet nicht, dass sich das immer in sichtbarem Erfolg zeigen wird, aber es bedeutet, dass das Ende der Geschichte – wie das Ende der Geschichte von Petrus – noch nicht geschrieben ist. Sie wissen noch nicht, was Gott tun wird oder wie Gott sich in Ihrem Leben zeigen will.

Samuel Beckett hat diesen wunderbaren Text über Versagen geschrieben: »Je versucht?

Je versagt? Macht nichts! Versuchen Sie es noch mal. Versagen Sie wieder. Versagen Sie besser.«

Jesus sucht immer noch nach Leuten, die aus dem Boot aussteigen. Ich möchte das ein bisschen näher beschreiben. Ich will nicht die Risikobereitschaft um der Risikobereitschaft willen verherrlichen. Es bedeutet nicht, dass Gott nach Evel Knievel sucht – also nach Typen, die sich in Extremsportarten wie Bungeejumping, Segelfliegen, Paragliding oder Reiten auf dem wilden Stier hervortun.

Jesus sucht immer noch nach Leuten,
die aus dem Boot aussteigen.

Ich glaube, dass der Schreiber uns hier zeigen möchte, wie jemand, der Jesus nachfolgt, denkt und fühlt. Das Verlangen eines Nachfolgers wird in den Worten des Petrus deutlich: »Jesus, führe mich. Sag mir, was ich tun soll.«

Vielleicht müssen Sie Jesus genau das heute sagen! Für einige von Ihnen kann das beinhalten, wieder in die Mitarbeit einzusteigen. Gott zu dienen, indem Sie zum Beispiel lehren, leiten oder irgendetwas tun, was Sie bisher noch nie getan haben! Etwas, das Sie vielleicht nervös macht und wo Sie fürchten zu versagen.

Ich werde niemals die erste Predigt vergessen, die ich gehalten habe. Es wurde erwartet, dass ich 30 Minuten predige. Ich erzählte in dieser Predigt alles, was ich über die Bibel, über Gott und die Theologie wusste, und ich war nach 12 Minuten fertig. Es war ein Riesenreinfall, aber das machte nichts. Ich versuchte es wieder. Heute kann ich manchmal 45 Minuten predigen und kaum etwas von dem gesagt haben, was ich alles weiß.

Manche von Ihnen sind aufgerufen zu beten. Es mag um etwas Schmerzhaftes gehen – eine Beziehung oder eine schwierige Zeit Ihres Lebens. Der Gedanke daran macht Sie nervös. Denn was passiert, wenn Ihr Gebet nicht beantwortet wird? Was, wenn Sie beim Beten versagen?

Für einige ist es der Ruf, in eine neue Ebene der Gemeinschaft einzutreten, mit einem Freund eine neue Ebene der Verletzlichkeit zu erreichen oder in eine Kleingruppe zu gehen und Verantwortlichkeit, Offenheit und Ehrlichkeit in Ihr Leben zu bringen. Eine Ehrlichkeit, gegen die Sie sich viel zu lange gewehrt haben.

Für einige von Ihnen mag es andere Gebiete beinhalten, wie die Arbeitsstelle zu wechseln, zur Schule zu gehen oder einer Konfrontation nicht auszuweichen. Sie halten sich zurück, weil Sie sich von der Frage bedrängt fühlen: »Woher soll ich wissen, dass ich nicht versagen werde?« Die Antwort ist, dass Sie es nicht wissen. Sie könnten versagen.

Nur keine Angst vor der Angst!

Das führt mich zu einer vierten Beobachtung über das Versagen. Diese Beobachtung werden viele nicht mögen – ich selbst mag sie auch nicht besonders. Wenn wir Christus folgen und Wachstum erleben wollen, dann wird in diesem Prozess immer wieder Angst eine Rolle spielen!

Wir sehen das in der Geschichte, die wir gelesen haben. Jesus hatte den Jüngern befohlen, ins Boot zu steigen. Sie taten es, aber es gab einen Sturm. Sie dachten, sie sähen einen Geist. Die Schrift sagt, dass sie verängstigt waren und schrien. Jesus sagt: »Seid mutig. Fürchtet euch nicht.«

Petrus sagte: »Okay, ich will mutig sein. Was erwartest du von mir?« Jesus sagte: »Geh auf dem Wasser.« Petrus stieg aus, aber er bemerkte den Sturm und er war verängstigt und erschrocken. Es war nicht das letzte Mal in seinem Leben, dass Petrus panisch reagieren sollte.

Ein Nachfolger Jesu zu sein bedeutet, dass Sie lernen und wachsen werden. Wenn Sie wachsen, werden Sie neues Gebiet betreten und aus dem Boot aussteigen. Jedes Mal, wenn Sie aus dem Boot aussteigen, was denken Sie wohl, was Sie erleben werden? Angst. Die Angst wird nie verschwinden.

Wenn Sie wachsen, werden Sie neues Gebiet betreten und aus dem Boot aussteigen.

Jesus nachzufolgen bedeutet zu akzeptieren, dass Bequemlichkeit nicht das ultimative Ziel Ihres Lebens sein soll. Das sind schwer verdauliche Neuigkeiten für uns, weil wir in unserer Gesellschaft in einer Zeit großer Bequemlichkeit leben.

Kennen Sie den Namen des Bestseller-Stuhls in Amerika? Er heißt La-Z-Boy – Faulenzer. Er heißt nicht Risikofreudiger oder Arbeiter. Er heißt Faulenzer. Wir möchten nach Hause kommen und in Bequemlichkeit versinken.

Auch dafür haben wir einen Namen. Wir nennen diese Leute Couch Potatoes – Sofakartoffeln in ihren »Faulenzern«. Wenn Sie es auf diese Weise betrachten wollen, waren die elf Jünger so was wie Boot-Kartoffeln. Sie wollten nicht das Risiko eingehen oder die Angst erleben, die dazugehört, Jesus so nachzufolgen, wie es Petrus tat.

Die Kirchen sind oft gefüllt mit dem, was wir Kirchenbank-Kartoffeln nennen könnten – mit Menschen, die das Abenteuer, Gott zu folgen, nicht riskieren wollen. Jesus sucht immer noch nach Leuten, die aus dem Boot steigen, und nach jemandem, der sagt: »Es kann ja sein, dass ich nur eine kleine Kartoffel bin, aber Gott, diese kleine Knolle ist für dich.«

Versagen ist nicht das Ende

Beobachtung Nummer fünf ist, dass nicht das Versagen uns prägt, sondern wie wir mit dem Versagen umgehen! Wir leben in einer Welt, die besessen vom Erfolg ist und in der die Menschen das Versagen oft fürchten. Noch mehr als das Versagen selbst, denke ich, fürchten sie sich davor, als Versager zu erscheinen.

Deshalb ist es so wichtig, dass wir begreifen: Wir alle haben schon versagt und werden es wieder tun! »Jemals versucht? Jemals versagt? Macht nichts! Versuchen Sie es wieder. Versagen Sie wieder. Versagen Sie besser.«

Ich ringe zurzeit mit einer Sache, die Gott mir klargemacht hat. Ich habe mich oft gescheut, ihm voll und ganz zu folgen, Risiken einzugehen, schwierige Gespräche zu führen oder Spannungen in Beziehungen zuzulassen. Ich wollte gerne, dass mein Leben so aussieht, als hätte ich alles im Griff! Ich bin ein Meister im Vertuschen.

»Jemals versucht? Jemals versagt?
Macht nichts! Versuchen Sie es wieder.
Versagen Sie wieder. Versagen Sie besser.«

Genau deshalb liebe ich Petrus. Er hat versagt und nach Jesus geschrien. Wenn Sie Petrus ein bisschen kennen, wissen Sie, dass er nicht zum letzten Mal versagt hat.

Noch ganz am Ende, als Jesus auf seinem Weg zum Kreuz ist, sagte Petrus genau das Falsche – der Inspektor Clouseau der Jünger.

Jesus sagte zu seinen Freunden: »Ihr werdet mich verraten und mich im Stich lassen.« In seiner typischen Art sagte Petrus: »Ich nicht. Erinnere dich daran, ich bin der Wasserläufer und werde dir überallhin folgen. Ich werde dich niemals verraten.« Weil er Petrus liebte und seine Einstellung kannte, sah Jesus seinen Freund an und sagte: »Bevor der Hahn dreimal kräht, wirst du mich dreimal verleugnen.« Petrus verleugnete Jesus dreimal, weil er schwach war.

Petrus war Jesus weiter gefolgt als jeder andere! Aber gerade das brachte ihn dazu, Jesus zu verleugnen! Wäre er sicher auf Distanz geblieben, hätte er Jesus nicht verleugnet, weil er gar nicht in diese Situation gekommen wäre. Dennoch, Petrus war schwach und hat versagt. Dann hörte er den Hahn krähen und die Bibel sagt: »Er weinte bitterlich.«

Nach der Auferstehung sah Petrus Jesus wieder. Sie können sicher sein, dass Petrus nur allzu bereit war, seinen Dienst zu kündigen. Stattdessen sah er das, was wir gerade eben angesprochen haben – das Gesicht der Vergebung. Jesus sagte: »Petrus, liebst du mich? Wenn du das tust, dann weide meine Schafe und tu meine Arbeit. Versagen bedeutet nichts. Versuch es noch mal.«

Es gibt eine alte Legende über Petrus – niemand weiß sicher, ob sie stimmt oder nicht. Diese Legende besagt, dass man Petrus dadurch verletzen konnte, indem man wie ein Hahn dreimal krähte, als Erinnerung an sein Versagen.

Was, wenn Petrus gesagt hätte: »Ich werde nicht mehr aus dem Boot aussteigen«? Was, wenn Petrus gesagt hätte: »Das Versagen war für mich so schmerzhaft, dass ich damit abgeschlossen habe, aus dem Boot zu steigen«? Er hätte die Grundlage seiner Existenz verloren.

Ich weiß nicht, was es für Sie bedeutet, aus dem Boot zu steigen, aber Folgendes weiß ich: Das Leben ist es nicht wert, gelebt zu werden, wenn Sie nicht aussteigen. Manche von Ihnen haben schon lange Zeit nicht mehr das Boot verlassen.

Das Leben ist es nicht wert,
gelebt zu werden, wenn man nicht
aus dem Boot aussteigt.

Vielleicht gab es eine Zeit in Ihrem Leben, in der es ganz normal war, auf dem Wasser zu gehen. Mit offenem Herzen und hingegebenem Geist erinnern Sie sich daran, was es bedeutet, zu sagen: »O Gott! Führe mich und sag mir, was du von mir erwartest.«

Aber irgendwann haben Sie gelernt, Ihr Leben im Boot einzurichten. Sie haben sich hingesetzt und haben es bequem. Die Wahrheit ist, dass Sie Angst haben, vielleicht unterzugehen. Was entgeht Ihnen? Wollen Sie wirklich am Ende Ihres Lebens zurückblicken und sich fragen, was hätte sein können, wenn Sie aus dem Boot geklettert wären?

Ich denke nicht, dass Sie das wollen. Ich denke nicht, dass Sie das Ende Ihres Lebens erreichen wollen, um dann auf einen Berg von Möglichkeiten zurückzublicken, die nie realisiert wurden und auf ein Abenteuer mit Gott, das Sie nie begonnen haben, weil Sie nicht riskieren wollten, aus dem Boot auszusteigen.

Der Schritt aus dem Boot... und was dann kam

Ich werde Ihnen eine Geschichte von einem Mann erzählen, der es getan hat. Sie wurde mir selbst erzählt von einem Mann namens Doug Coe, einem einfachen Mann. Doug hat einen einzigartigen Dienst in Washington, D.C. Mit hauptsächlich solchen Leuten, die im Staatsdienst sind – Leute in Regierung und Politik. Vor einiger Zeit hat Doug sich mit einem Mann namens Bob zusammengetan, der bei einer Versicherung arbeitet und nicht die Sprache von Macht und Geld spricht. Bob ist ein sehr einfacher Mann, der Christ wurde. Er fing an, sich mit Doug zu treffen und mit ihm darüber zu reden, was es bedeutet, ein Christ zu sein und über das, was die Bibel sagt. Sie kamen zu der Stelle in der Schrift, an der Jesus über das Gebet redet und sagt: »Bittet in meinem Namen, was immer ihr wollt, und ich werde es euch geben.« Bob sagte zu Doug: »Ist das wirklich wahr? Kannst du für Dinge beten, und deine Gebete werden beantwortet?«

Doug sagte: »Ja, das ist tatsächlich so. Du musst es im Zusammenhang der gesamten Schrift verstehen. Es ist kein Blankoscheck, den Gott dir gibt, dass er dir alles geben wird, was du dir wünschst, aber Gott beantwortet Gebete tatsächlich.«

Gebet ist kein Blankoscheck von Gott für alles, was wir uns wünschen, aber Gott beantwortet Gebete tatsächlich.

Bob sagte: »Das ist unglaublich. Ich muss anfangen, zu beten.« Doug sagte: »Wofür willst du beten?« Bob sagte: »Ich denke, ich werde für Afrika beten.«

Doug sagte: »Das ist ein großes Ziel. Lass es uns auf ein Land eingrenzen.« Bob sagte: »Okay«, und nannte das Land Kenia. Doug sagte: »Kennst du irgendjemanden dort?« Bob sagte: »Nein.« »Bist du schon einmal dort gewesen?« »Nein, ich will nur dafür beten.«

Doug traf eine Abmachung mit Bob und sagte: »Lass uns Folgendes ausmachen. Du betest in den folgenden 30 Tagen jeden Tag für dieses Land. Wenn nichts Bemerkenswertes geschieht oder wenn Gott am Ende dieser 30 Tage nicht ganz deutlich auf deine Gebete reagiert hat, werde ich dir 500 Dollar zahlen. Falls etwas Bemerkenswertes geschieht, zahlst du mir 500 Dollar. Falls du nicht jeden Tag betest, ist diese Abmachung hinfällig.« Bob sagte: »Okay.«

Das war ein ungewöhnliches Gebetsabkommen. Bob betete einige Wochen, aber nichts geschah. Dann war er bei einem Bankett, bei dem die Leute rund um den Tisch sich darüber unterhielten, was sie tun. Eine der Frauen erwähnte, dass sie in einer medizinischen Einrichtung für Waisenkinder arbeite, und zwar in der größten dieser Art in Kenia.

Plötzlich kam Leben in Bob, und er bombardierte sie mit Fragen über Fragen.

Sie fragte ihn: »Waren Sie jemals in meinem Land?« »Nein.« »Warum haben Sie so viel Interesse? Kennen Sie dort jemanden?« »Nein.« »Wie kommt es, dass Sie so interessiert sind?« Bob erklärte: »Mein Freund zahlt mir 500 Dollar fürs Beten.«

Sie sagte: »Würden Sie mich gerne in meinem Land besuchen und die Einrichtung sehen?« Bob sagte: »Ja«, also brachte sie ihn hin. Er sah sich alles an und war betroffen von der Not und der Armut.

Bob kam zurück in die Vereinigten Staaten und betete weiter. Er fühlte sich geführt und fing an, pharmazeutische Gesellschaften anzuschreiben. Er wusste nichts Besseres, also betete er und erwartete von Gott, dass er handeln würde.

Er schrieb den Gesellschaften über diesen Ort in Afrika mit der unglaublichen Not. »Diese Menschen haben nichts, und ich weiß, dass Sie alle möglichen Arten von Beständen haben, die unverkauft bleiben. Sie müssen sie loswerden. Warum also schicken Sie sie nicht dorthin?«

Auf diese Weise erhielten Einrichtungen in Afrika pharmazeutische Waren im Wert von mehr als einer Million Dollar – Waren, die dringend benötigt wurden. Die Frau, die Bob eingeladen hatte, rief ihn an und sagte: »Bob, das ist unglaublich! Wir möchten, dass du wiederkommst und ein großes Fest mit uns feierst. Kommst du?«

Bob sagte: »Okay«, und so flog er zurück nach Afrika. Während Bob dort war, kam der Präsident des Landes zu Besuch, weil es die größte Einrichtung dort war. Er traf sich mit Bob und bot ihm an, mit ihm einen Ausflug in die Hauptstadt zu machen.

Sie besichtigten die Hauptstadt und sahen unter anderem ein Gefängnis. Bob fragte nach einer Gruppe von Gefangenen, die dort waren, und der Präsident sagte: »Es sind politische Gefangene.« Bob sagte: »Das ist eine schlechte Idee. Sie sollten sie freilassen.«

Bob beendete die Tour und flog zurück in die Vereinigten Staaten. Einige Tage danach bekam er einen Anruf von jemandem in der Regierung der Vereinigten Staaten, der ihn fragte: »Heißen Sie Bob?« »Ja.« »Waren Sie kürzlich beim Präsidenten dieses Landes?« »Ja.« »Sagten Sie irgendetwas über politische Gefangene?« »Ja.«

»Was sagten Sie?« Bob antwortete: »Ich sagte ihnen, dass das eine schlechte Idee sei und dass sie sie freilassen sollten.« Der Mann aus dem Regierungsamt sagte: »Wir haben Jahre daran gearbeitet, die Entlassung dieser politischen Gefangenen zu erreichen, und jetzt wurden sie freigelassen. Ich rufe an, um mich zu bedanken.«

Einige Monate später rief der Präsident dieses Landes bei Bob an und sagte: »Bob, ich bin dabei, mein Kabinett neu zu mischen. Es gab eine Menge politischen Tumult und ich wähle ein neues Kabinett. Ich wünsche mir, dass du kommst, drei Tage mit mir verbringst und für mich betest.«

Wenn Sie auf dem Wasser gehen möchten, müssen Sie aus dem Boot steigen.

Bob – der niemanden kennt – stieg in ein Flugzeug, flog hinüber nach Afrika und verbrachte dort drei Tage, in denen er für den Präsidenten dieses Landes betete.

Als Nancy und ich in Washington waren, um Doug Coe und sein Ministerium zu besuchen, war einer der Leute, die wir dort trafen, ein Parlamentsmitglied dieses Landes. Er ist ebenfalls ein hingegebener Nachfolger Jesu. Das war vor einigen Jahren. Bob war ein einziger Mann, der aus dem Boot ausgestiegen ist. Was ist mit Ihnen?

Jesus sucht immer noch nach Leuten, die aus dem Boot aussteigen. Ich weiß nicht, was das für Sie bedeutet. Wenn Sie es tun, werden Sie Probleme bekommen. Draußen stürmt es und Ihr Glaube ist vielleicht nicht perfekt. Manchmal werden Sie sinken.

Aber ich weiß auch zwei andere Dinge. Eins davon ist, dass Jesus da sein wird, um Sie aufzurichten – immer dann, wenn Sie versagen. Sie werden nicht allein sein.

Die andere Sache ist die, dass Sie ab und zu auf dem Wasser gehen werden. Wenn Sie auf dem Wasser gehen möchten, müssen Sie aus dem Boot steigen.